网络媒介
用户群使用研究

唐红 著

学苑出版社

图书在版编目（CIP）数据

网络媒介用户群使用研究 / 唐红著 . —北京：学苑出版社，2023.6

ISBN 978-7-5077-6674-5

Ⅰ.①网⋯ Ⅱ.①唐⋯ Ⅲ.①网络服务—研究 Ⅳ.① F719.0

中国版本图书馆 CIP 数据核字（2023）第 089195 号

责任编辑：乔素娟
封面设计：陈四雄
出版发行：学苑出版社
社　　址：北京市丰台区南方庄 2 号院 1 号楼
邮政编码：100079
网　　址：www.book001.com
电子邮箱：xueyuanpress@163.com
联系电话：010-67601101（销售部）　010-67603091（总编室）
印 刷 厂：廊坊市印艺阁数字科技有限公司
开本尺寸：710 mm×1000 mm　1/16
印　　张：14
字　　数：206 千字
版　　次：2023 年 6 月第 1 版
印　　次：2023 年 6 月第 1 次印刷
定　　价：98.00 元

内容摘要

本书的研究对象——帕米尔高原塔吉克人，生活在特殊的自然地理环境中，他们从以畜牧为主、农耕为副的传统社会过渡到信息社会，处于急剧的社会转型期，尤其在网络媒介使用的语境下，社会环境发生极大变化，对于塔吉克人来说，在新的社会环境中对自我重新定位，重获完整感、连续感、安全感，对个体和族群的存在与发展至关重要。

本书在"媒介、人、社会"的视野下展开，将网络媒介的使用与塔吉克人的自我认知和发展作为一个过程进行研究，旨在探索网络媒介的使用与塔吉克人自我认知和发展过程中的逻辑关系，厘清这个过程中"人与媒介"的关系问题。本书在研究的过程中采用以质化研究为主、量化研究为辅的研究方法，从塔吉克人对网络媒介物质形态的使用，基于网络媒介技术特性的连接性、搜索性使用，以及利用网络媒介技术特性在网络空间中进行符号生产三个层面，对塔吉克人网络媒介的使用方式与自我认知和发展行为进行详细考察。

研究发现：在塔吉克人网络媒介的使用与自我认知的过程中，自我意识的变化发展是关键变量。这是人、媒介与社会环境之间互动作用的结果。在人、媒介与社会环境的互动过程中，固有环境中的时空秩序、资本转化与获得方式、社会关系和权力关系等要素发生变化，继而对人的自我认知产生影响，促使自我发展行为的产生。另外，塔吉克人网络媒介的使用过程体现出人与媒介的同构关系，同构关系的具体轨迹表现为：一方面，网络媒介的物质形态和技术特性客观上对塔吉克人的自我认知起到影响；另一方面，塔吉克人结合自己生活的环境特征，对网络媒介的物质形态和技术特性进行改造、挪用以及创造性使用，塔吉克人对网络媒介使用的积极主动性将网络媒介提供的自我认知和发展的可能性转化为实际行动。

目　录

第一章　绪　论 ··· 1
一、研究缘起 ·· 1
二、研究问题 ·· 4
三、研究意义 ·· 5
四、核心概念界定 ··· 8
五、文献综述 ·· 16
六、研究方法与创新点 ·· 28
七、理论资源与文本结构 ·· 33

第二章　网络社会的兴起与网络媒介进入塔吉克人生活 ············· 37
一、网络社会的兴起与网络媒介赋能 ·· 38
二、塔吉克人的日常生活环境及网络媒介使用概况 ···················· 51
本章小结 ··· 61

第三章　作为物的使用：物、意义与人的互动 ··························· 63
一、家具：使用与意义的产生 ··· 64
二、礼物：使用与意义的产生 ··· 71
三、作为物的使用与人的互动 ··· 76
本章小结 ··· 83

1

第四章　作为技术的使用：赋能器与人的互动 … 85
一、基于网络媒介技术特性的使用 … 86
二、赋能器与人的互动 … 102
本章小结 … 109

第五章　网络空间中的符号生产与形象传播 … 111
一、网络媒介与符号生产 … 113
二、网络空间中的符号生产与意义生成 … 120
三、网络空间不同场景中的文化符号呈现 … 150
本章小结 … 157

第六章　人与媒介的互动：意义的追寻与生成 … 159
一、人对媒介的创造性使用 … 160
二、人与媒介的协同发展 … 164
本章小结 … 169

第七章　结　语 … 171
一、研究发现 … 172
二、现实思考 … 174
三、研究局限与研究展望 … 179

参考文献 … 181
一、中文文献 … 181
二、外文文献 … 196

附　录 … 199
附录一　网络媒介在新疆塔吉克族中的使用现状调查问卷 … 199
附录二　田野访谈记录示例 … 206

后　记 … 213

第一章
绪　论

一、研究缘起

2014年7月的一天清晨,我开始考虑如何做一个与新疆边境地区网络媒介使用情况相关的问卷调查,之所以对这个问题感兴趣,主要是因为在新疆的生活经历中,感受到随着网络新技术的发展,网络媒介的使用拉近了边疆与世界的距离,成为社会变迁的加速器,对新疆地区各民族群体的生存方式、社会发展带来不可忽视的影响。

做调查首先想到的是找人,首先锁定的是生活在我国境内帕米尔高原上的塔吉克人,因为以前接触过两名塔吉克青年,他们学习努力、为人诚实,给我留下了深刻的印象。但他们已于2008年毕业,自此再无联系,唯一的信息是他们毕业后回到了帕米尔高原上的家乡——塔什库尔干县工作。茫茫人海中如何才能找到他们,既然是研究网络媒介的使用情况,那就试试通过网络能不能找到他们。于是我通过搜索关键词"塔吉克""塔县"加入了几个相关的QQ群:"塔什库尔干塔吉克县""塔吉克大家庭""中国塔吉克交流群""魅力塔县""塔县人联谊群"。我首先在有191名群成员的"塔什库尔干塔吉克县"群里发布了那两名塔吉克青年的基本信息,用于找人，令我"震惊"的是，不到两分钟就有人回复，告诉我那两人都在县里某事业单位工作，并提供了他们的联系方式。我当即就和其中的一名塔吉克青年取得了联系，当时感觉时空在瞬间跨越，失联六年、距离千里之外的帕米尔高原上的塔吉克青年就这样被我找到了。然而，这一切都是因为——网络。我对生活在新疆边境地区特殊自然地理环境下的人群的网络媒介的使用与社会变迁的研究兴趣自此发端。

2014年8月，我带着初步设计的调查问卷第一次踏上帕米尔高原的土地做预调查，整个行程约2000千米，一路辗转。尤其令人难忘的是从喀什到塔什库尔干县这一程，从喀什乘坐皮卡车七个小时到达塔什库尔干县县城，行程约300千米。一路上群山巍峨，层峦叠嶂，道路崎岖险峻，塔什库尔干河在道路左侧奔流不息，翻越昆仑山，"冰川之父"慕士塔格峰与世界第二高峰乔戈里峰遥遥相望，路过玄奘《大唐西域记》中所记的"喀拉库勒湖"，最终到达帕米尔高原上塔吉克人的家园——塔什库尔干塔吉克自治县。该县与巴基斯坦、阿富汗、塔吉克斯坦三国接壤，边境线长888.5千米，县城海拔3200多米，境内平均海拔4000米以上，地理、文化环境十分独特。这次的访问算是发放正式调查问卷之前的一次预调查，我对当地网络发展情况有了基本的了解。初上帕米尔高原，我发现一个十分有意思的现象：在县城的社区里，哪些家庭有电脑、能否上网，社区的街坊邻居都十分清楚；在县城附近不能上网的乡村，也有一些家庭购买电脑作为家庭的摆设。这让我意识到网络媒介不仅作为技术为人们所使用，在这个正在从传统社会过渡到信息社会的边陲小城，手机、电脑等网络媒介的物质形态的象征功能也在塔吉克人的日常生活中产生影响。这次帕米尔高原之行让我产生了将塔吉克人网络媒介的使用与社会影响研究作为今后博士学位论文选题方向的想法，在调查中的发现让我考虑将研究思路从对网络技术的使用拓展到物质形态和技术特性使用两个方面，并将研究的视野投向塔吉克人的日常生活实践。

2016年5月，我第二次踏上帕米尔高原的土地，了解塔吉克人网络媒介使用的发展情况。上次接触的一位在塔什库尔干县电信公司工作的塔吉克朋友一看到我就说:"网络发展太快了,你上次来的时候,塔县人使用网络还不普遍,现在离开网络简直都没法生活了,我主要负责安装Wi-Fi这一块的技术工作,每天都忙得很。"在接下来的走访中,我发现塔吉克人对网络媒介的功用有他们自己的理解和创造性的使用,例如,原本以畜牧为主、农耕为副,没有经商习惯的塔吉克人开始在网上做微商;热爱音乐的塔吉克人自创了不少微信公众平台来发行传播他们的原创音乐。这让我意识到:塔吉克人在使用网络媒介的过程中不仅是信息的接受者,也是内容的生产者。

两次的帕米尔高原之行,让我对网络媒介给塔吉克人带来的可能性和塔吉克人对网络媒介使用的主动性产生了兴趣,为我的博士学位论文选题提供了更加明确的方向。在博士研究生阶段的学习期间,我接触到更多的理论知识和研究方法,在阅读了相关文献后,我逐渐明确了将"网络媒介的使用与塔吉克人的自我认知与发展"作为博士学位论文选题的想法。在考察与网络媒介的使用和影响相关的研究现状中发现,目前大部分的相关研究主要在网络空间中进行,大多通过分析研究对象在网络空间中生产的文本来进行考察,缺乏与研究对象日常生活环境的勾连。一种新的媒介的使用,总是在具有一定的自然地理、历史文化、经济结构特征的环境中使用,媒介在不同的环境中、人群中的使用带来的影响既具有共性又具有唯一性。正如美国学者卡罗琳·马文(Carolyn Marvin)所说:"媒介的历史绝不会比它的使用的历史更长或更短,而这一点总要带着我们远离媒介,到一个被它映射出来的社会实践的世界中去。"[1]西尔弗斯通(Roger Silverstone)在分析媒介作为技术之物时也指出,"技术既是象征之物也是有形之物……要理解这个物,也不能脱离物的系统,它是潜入到现代(以及前现代)社会的政治、经济以及文化维度之中的"[2]。因此,我将"走进

---

[1] Carolyn Marvin. *When Old Technologies Were New: Thinking about Communication in the Late Nineteenth Century* [M]. Oxford: Oxford University Press, 1988: 163.

[2] 西尔弗斯通. 电视与日常生活[M]. 陶庆梅, 译. 南京: 江苏人民出版社, 2004: 120.

研究对象日常生活的环境，在与研究对象的工作、生活交往中与网络媒介使用背后有思想、鲜活的媒介使用者交流、对话"作为初步进入学术研究生涯的一个理想。基于这样的理想，2017年3—7月，我第三次来到帕米尔高原，以支教的方式进入塔什库尔干塔吉克自治县的塔吉克人社会，在与塔吉克人的工作和生活交往中进行与博士学位论文选题相关的调查研究。另外，需要说明的是，自2014年第一次踏上帕米尔高原后，我利用网络媒介逐渐与160余名塔吉克人建立了网络联系和交流，他们在我的QQ好友里、微信朋友圈里，我对他们在网络空间中的活动进行了长期的观察和记录。因为我意识到，在网络媒介普遍使用的时代，"田野"既应该在线下也应该在线上，还应该在线上和线下的互嵌中。本着"宏观视角，微观切入"的原则，本书在"人、媒介、社会环境、族群发展"的视野下，从塔吉克人生活中的媒介使用行为出发，将塔吉克人网络媒介的使用作为一个过程去进行详细的考察。

二、研究问题

本书的研究对象——帕米尔高原塔吉克人[①]（以下简称"塔吉克人"），他们主要生活的塔什库尔干塔吉克自治县[②]（以下简称"塔什库尔干县"）地理位置特殊，既具有开放性，又具有封闭性。开放性体现在：该地区自古以来就是丝绸之路的交通要道，也是波斯文化圈—中亚塔吉

[①] 本书所称的帕米尔高原塔吉克人，主要指生活在帕米尔高原塔什库尔干县的塔吉克人，由于在塔吉克斯坦、巴基斯坦、阿富汗等中亚各国也有被称为"塔吉克"的族群，为了行文的方便和清楚，本书在文中将研究对象简称为"塔吉克人"，将中亚各国的塔吉克人简称为"中亚塔吉克人"，以示区别。

[②] 关于塔什库尔干塔吉克自治县的称谓，为了符合论文对标题字数的要求，结合该县名称在媒体上出现时的官方简称"塔什库尔干县"，本书在论文标题和行文中均采用"塔什库尔干县"的称谓，由于塔吉克人在生活中习惯使用简称"塔县"，本书在引述塔吉克人的原话时，保留塔吉克人原话中的"塔县"称谓。

文化圈—中华文化圈的重合之地。目前这一区域与阿富汗、巴基斯坦、塔吉克斯坦均接壤，是"一带一路"顶层设计的必经之地。封闭性主要是因为山高路远，地理自然环境恶劣，通行不易，且自唐代中后期以后陆上丝绸之路逐渐冷落。由于所处的独特的地理文化环境，在很长的一段时间内社会发展缓慢，人的身份处于给定、规定、固化状态。另外，历史上也多次出现以英俄为主的国家对塔吉克人"身份"的争夺现象。网络媒介新技术具有的跨越时空的高度连接性又将塔吉克人快速卷入全球化、信息化、网络化的语境之中。复杂的地缘文化政治环境，急剧的社会转型，网络媒介新技术带来的社会环境的变化、身份的漂移，对塔吉克人的自我认知、自我意识产生着影响。正如哈贝马斯（Jurgen Habermas）所说："身份不仅是给定的，同时也是我们自己的设计。"[①]在网络媒介的语境下，身份主体与各种类型的他者的权利关系发生了变化，有更多的因素和力量参与到身份认同中。网络媒介双向去中心化的交流特质，一方面开创了自我认知的新途径，另一方面激发了认知主体身份碎片化、虚无化的新危机。塔吉克人面临着固有身份的变动。塔吉克人的自我认知问题成为塔吉克人自身和周边他者关注的重要问题。本书从网络媒介的使用与塔吉克人的自我认知切入，提出的核心问题是：在塔吉克人使用网络媒介的过程中，网络媒介给他们带来了怎样的影响？在这个过程中体现出的人与媒介的关系是什么？

本书始终将处于特有社会环境中的"人与媒介的关系"作为研究的逻辑起点、焦点和重点。

三、研究意义

本书需要运用多学科理论进行研究，本书以"媒介研究"为主线，将

[①] 哈贝马斯. 现代性的地平线——哈贝马斯访谈录［M］. 李安东，段怀清，译. 上海：上海人民出版社，1997：176.

涉及的其他学科的理论勾连到这条主线上，主要的研究意义有以下几方面。

（一）理论意义

（1）本书是在网络媒介使用的语境下，在"媒介、人、社会"的视野下，对"媒介与人"研究的理论路径的有益探索。相关的研究具有复杂性，具有跨学科交叉研究的特征，理论使用比较复杂。本书以"媒介研究"为主线，以技术哲学思想作为哲学层面的参考，勾连人类学、社会学、心理学、传播学等相关理论，对特殊自然地理、社会文化条件下网络媒介的使用进行理论路径的探索，可为同类研究提供理论路径的参考。

（2）现有的特殊群体媒介使用的研究以描述性的经验研究居多，一般是在现象描述的基础上对现象进行分析解读，极少有人从学理上进行探究。本书力求从学理上探究在网络媒介的使用与自我认知过程中的关键变量，以及在这个过程中人、媒介与环境之间的逻辑关系，本书的研究对象属于少数民族中的跨界民族，因此，本书是对"跨界民族的媒介使用与自我认知、身份认同"理论的有益探索，可为政府相关部门的政策制定提供理论依据和理论参考。

（二）现实意义

本书的研究对象具有特殊性、典型性和独特性，本书的现实意义主要体现在以下方面。

（1）通过对塔吉克人网络媒介的使用及其影响过程的考察，对塔吉克人使用网络媒介的方式进行研究，探寻网络媒介的使用对塔吉克人自我意识的影响，进一步探讨网络媒介的使用对塔吉克人社会的资本转化、社会关系、权力关系的影响，有利于解决塔吉克人在社会转型中的心理调适问题，有利于相关部门了解塔吉克人的自我认知状况，对塔吉克族群的未来发展策略的制定具有参考价值，促进相关政策制定的科学性和合理化。

由于特殊的自然地理原因，塔吉克人在很长的一段时间内处于相对封闭的状态，社会发展缓慢。在传统社会中，身份往往是给定的、规定的、固化的，人们身处一个相对封闭的社会环境中，身边主要是和自己同群体的人，很少会去考虑身份的问题。随着社会的发展和网络媒介的介入，塔吉克人面临急剧的社会转型，他们从以畜牧为主、农耕为副的传统社会过渡到信息社会，在变动的环境中，他们面临着对自我的认知和身份问题。一方面，现代信息社会的"流动性"，带来对传统的冲击，塔吉克人需要在变动的环境中，寻找自己的安全感和归属感；另一方面，对作为个体和群体的塔吉克人来说，他们都需要在具有"流动"特征的现代社会对自我有新的认知和定位，这关系到个人和族群的未来发展。本书的研究呈现出塔吉克人在网络媒介的使用中的自我认知的发展轨迹，对网络媒介的使用过程中的资本、社会关系、权力关系的变化进行了分析，可为相关部门制定塔吉克人独特文化的传承与保护提供思路，为塔吉克族群未来发展策略的制定提供参考。

（2）考察在网络媒介使用过程中影响塔吉克人社会发展的各种因素，追寻网络媒介与帕米尔高原塔什库尔干县塔吉克人自我认知的轨迹，探索利用网络媒介促进塔吉克族群与国家协同发展的路径，对促进塔吉克人在社会转型中平稳过渡，对我国西北边境安全、民族团结、社会稳定具有重要意义。

"身份"既是漂移的、多维的，又是统一和整体的。后现代理论者提出了某种不确定和高度灵活的情境性身份，乔治·H. 米德（George Herbert Mead）认为："由于不同社会背景的复杂性，可能存在各种各样的自我，但是存在着一个完整的自我以回应作为整体的社会。对身份在一定范围中的整体性、同一性的追求使得有序和有效的实践成为可能。"[①] 本书研究的对象现处于我国与阿富汗、巴基斯坦、塔吉克斯坦接壤的区域，身份问题受到政治、文化等多种因素影响，在历史上曾出现英俄等国对塔吉克人的身份争夺现象。目前活跃于国际上的宗教极端势力、民族分裂势力和国际

---

① 乔治·H. 米德. 心灵、自我与社会［M］. 赵月瑟，译. 上海：上海译文出版社，1992：126—128.

恐怖势力通过网络媒介产生的影响不容忽视。另外，少数民族族群在国家现代化发展进程中，有时也会出现族群发展诉求和国家发展诉求不完全一致的现象，可能需要放弃自己的一些族群特性等。在上述形势之下，本书通过研究寻找维持塔吉克人身份相对稳定的方法，探索处理族群认同和国家认同关系的有效路径，这直接关系到边境安全、民族团结和社会稳定。

（3）为促进我国与周边国家文化交流、经济合作，打造政治互信、经济融合、文化包容的利益共同体、命运共同体和责任共同体提供参考。

塔吉克人属于跨界民族，他们是中国公民，与中国的政治、经济、文化密不可分，同时与相邻国家塔吉克斯坦的主体民族以及周边阿富汗、巴基斯坦等国的中亚塔吉克人有一定的渊源关系。在"一带一路"建设的部署之下，塔吉克人身份中的多重特征是一把"双刃剑"，一方面可以用来加强和周边国家的友好合作，打造利益、命运和责任共同体；另一方面，周边国家也对塔吉克人的身份问题有所警惕，有的周边国家担心中国将中国塔吉克人的身份糅合模糊，顺势扩张，对他们造成政治上的威胁。反过来，中国也有同样的担忧和警惕。在网络媒介使用的影响下，塔吉克人的自我认知更容易受到多重因素的影响，本书关注塔吉克人身份形成的历史，在社会生态系统视野下对网络媒介的使用与塔吉克人自我认知的关系深入研究，研究成果可为相关部门制定与周边国家的交往合作政策提供理论支撑和现实参考。

四、核心概念界定

（一）网络媒介

"网络媒介"的内涵比较复杂，要理解网络媒介，首先需要辨析清楚与之相关的"互联网""因特网""万维网"等相关概念。

"因特网"是"Internet"的中文译名，也译作英特网。因特网是全世界范围内无数个网络中最大的一个网络,"互联网"是包括因特网在内的一个大型网络系统,是全世界范围内所有大大小小网络的统称。《现代汉语词典》(2016年第7版)对互联网的定义是:"由若干计算机网络相互连接而成的网络"[①];对"因特网"的定义是:"目前全球最大的一个计算机互联网,是由美国的阿帕网发展演变而来的"[②]。

"World Wide Web"(WWW)中文译名为"万维网",简称为"Web"。万维网是一种能够共享文字、图像、音频、视频等不同类型信息的统一的远程访问接口系统,最初于20世纪80年代末因科学家远程访问信息的需要而开发。《现代汉语词典》对万维网的释义是,"计算机网络的一种信息服务系统,建立在超文本的基础上,方便用户在因特网上搜索和浏览各种信息"[③]。因特网与万维网既有联系又有区别,因特网是指一个通过电缆相连,由多个计算机构成的具体的硬件网络;万维网实质上是一种抽象的信息空间。在万维网构成的信息空间中,由资源标识符(uniform resource locator,URL)来标志所有的数据资源,数据资源通过超文本传输协议(hypertext transfer protocol)传送,使用者通过点击超文本链接获得资源。万维网和因特网相依相存,万维网是靠着因特网运行的一项服务,万维网的信息需要通过因特网上的计算机和电缆传输,万维网增加了因特网的实用价值,因为网络上信息的传递与获取才是用户最需要的。在目前的人文社科的研究中,常常出现"因特网""互联网""万维网"同时使用或混用的情况。

随着"因特网""互联网""万维网"等网络技术硬件系统和信息技术系统的发展,在媒介研究中,出于研究的需要,研究者常使用"新媒介"

---

① 中国社会科学院语言研究所词典编辑室.现代汉语词典[M].修订第7版.北京:商务印书馆,2016:553.

② 中国社会科学院语言研究所词典编辑室.现代汉语词典[M].修订第7版.北京:商务印书馆,2016:1558.

③ 中国社会科学院语言研究所词典编辑室.现代汉语词典[M].修订第7版.北京:商务印书馆,2016:1351.

的概念来指称在新的技术支撑体系下出现的媒介形态,"新"主要是相对于报纸、广播、电视等传统媒介而言。随着网络技术的发展,"新"的含义总是处于不确定的变动之中,概念的内涵和外延难以界定,"网络媒介"作为学术概念逐渐被越来越多的研究者使用。笔者于2018年3月7日在中国知网(CNKI)上以"新媒介"和"网络媒介"为关键词检索,得出的结果是:新媒介使用量为1557次,网络媒介使用量为1955次。

关于"网络媒介"的释义,在对"电脑网络"的理解的基础上发展起来,有学者认为,"电脑网络是20世纪末兴起的新兴传播媒介,它是以地空合一的电信设施为传输渠道、以功能齐全的多媒体电脑为收发工具、依靠网络技术连接起来的复合型媒介,这种复合型媒介为人类传播活动提供了一个崭新的平台,通过这个平台,人们可以向广大公众进行开放式的大众传播,可以从事横向和纵向的组织传播,也可以向特定的对象进行人际传播。所以,它既是一种覆盖全球的大众传播媒介,又是一种高效灵便的组织传播媒介和人际传播媒介"①,并提出,"网络是相对于现实世界而存在的人类精神交往的第二世界"②。目前上述关于电脑网络的阐释在学术研究中作为"网络媒介"的核心内涵被较为广泛地引用。值得注意的是,随着信息技术和信息产业日新月异的发展,目前的收发工具已经不仅仅是多媒体电脑,还包括智能手机、网络电视、智能可穿戴设备等。本书认为,"网络媒介"的内涵和外延十分丰富,它在技术特性上以"因特网""互联网""万维网"等硬件系统技术和信息技术为基础,在物质形态上包括PC电脑、智能手机、笔记本电脑、平板电脑、网络电视机、可穿戴智能设备等多种形式的技术载体。"网络媒介"具有数字化、互联化、融合化、智能化、移动化、个性化、社会化等特征,这些特征处于不断地运动衍化之中。"网络媒介"在发展中呈现出与人的生活世界日益互嵌的趋势。因此本书主要使用"网络媒介"的概念,在行文中根据语境的需要,可能出

---

① 李鸿,李金翔.对第四媒介说的质疑[J].新闻传播,2002(12):54.
② 李鸿,李金翔.对第四媒介说的质疑[J].新闻传播,2002(12):55.

现与此概念相关的"网络新媒介""网络新技术"的提法。

（二）身份

"身份"一词起源于拉丁文"identitas"，"受晚期拉丁语 essentitas（essence，存在、本质）的影响。它由表示'同一'（same）的词根 idem 构成，这一词根类似于梵语 idam（同一），意为'相同'"①。"身份"对应的英文"identity"一词本身具有多重含义。在学术研究中最常使用到的是两个方面的意义：一是"本身、本体"，关注的是对"我是谁"的认知；二是"同一性、一致性"，主要指对与自己有相同性、一致性事物的认知，追寻的是"我属于哪里"的问题，实际上就是群体归属问题。对"identity"一词，国内学界有两种较为常见的翻译，即身份与认同。在国内学者的研究中也常常将"identity"的两层含义并置，将关于"identity"的研究称为"身份认同"研究。

身份是同一性和异质性共同发生作用的结果。一般来说，"身份泛指人的出身、地位、资格，是人在一定社会关系中的地位，是社会成员的社会属性标识和社会分工标识"②。身份具有客观性、主观性、多重性等特点，客观性主要体现在身份需要受到他人与公众的认可，主观性指身份以自我概念（个体对自己身份的意识）为主要表现形式，多重性则是由个体在不同的社会场景中的社会地位和社会角色的多样性所决定的。身份的内涵体现了身份主体的社会地位、社会角色与自我概念三者之间的关系。

身份与自我、类别、角色等概念相联系，体现了生活在社会中的个体与社会的关系。身份的研究是一个从社会学、心理学的视角来研究自我的重要领域。③"社会身份理论和自我归类理论将自我概念分为个人身份和社

---

① 蒋欣欣.身份/认同［M］//文化批评关键词研究.王晓路，等.北京：北京大学出版社，2007：278.

② 赵晔琴.融入与区隔：东北新移民的身份建构逻辑与群体性差异的表征——基于巴黎东北新移民的实证调查［J］.社会学研究，2013（6）：1—21.

③ 吴小勇，黄希庭，毕重增，苟娜.身份及其相关研究进展［J］.西南大学学报（社会科学版），2008（8）：3—9.

会身份。个人身份指的是'我'和'非我'的归类,社会身份指的是'我们'和'他们'的分类。"[1]个体的个人身份和社会身份分别对应着个体的个人自我(individual,为他们自己的信念、关注点、目标所引导)和群体自我(group self)。Tajfel将社会身份定义为:"个人自我概念的一部分,它包括个体对自己作为某个或某些社会群体的成员身份的认识,以及附加这种成员身份的评价和情感方面的意义。"[2]社会身份又可以细分为职业身份、宗教身份、文化身份、族群身份、公民身份等。

(三)自我认知

自我认知把自我和认知放在一起,主要指个体对自我身份的意识。"弗洛伊德提出'三部人格结构',他认为人格是由伊底、自我和超我构成的。'自我'划归为意识的部分,指自我意识。"[3]库利(Charles Norton Cooley)提出"镜中我"的概念,认为自我身份具有社会性,个人可以根据他人的评价与态度认识自我[4]。米德认为,"'自我'是'主我'和'客我'互相作用的结果。视角(perspective)先于个人,不是个体自我有一个视角,而是个体自我处于一个视角中。自我从本质上来说是社会性的,主体的内在生活要通过主体间相互分享的意义才能得以发展"[5]。米德特别强调,"个体只有在和他所处的社会群体的其他成员相联系的情况下才能拥有自我,他人的自我结构反映了他所属的那个社会群体通常所具有的行为方式"[6]。总之,自我认知和外部社会环境具有密切的相关性,自我认知的

---

[1] R. S. Onorato & J. C. Turner. Fluidity in the Self-concept: The Shift from Personal to Social Identity. European Journal of Social Psychology, 2004, 34(3): 257-278.

[2] H. Tajfel. Experiments in a Vacuum. In: J. Israel & H. Tajfel(Eds.). The Context of Social Psychology: A Critical Assessment. London: Academic Press, 1972: 94-109.

[3] 车文博. 试评弗洛伊德主义[J]. 外国心理学, 1982(3): 29-33.

[4] 查尔斯·霍顿·库利. 人类本性与社会秩序[M]. 包凡一,等译. 华夏出版社, 1989: 118.

[5] 乔治·H. 米德. 心灵、自我与社会[M]. 赵月瑟,译. 北京: 华夏出版社, 1999: 189.

[6] 乔治·H. 米德. 心灵、自我与社会[M]. 赵月瑟,译. 北京: 华夏出版社, 1999: 36.

产生不能脱离外部社会环境。可以说，自我认知是个体的主观认知和在反思性地接受他人评价的过程中共同形成的身份意识。自我认知是个人在自我所处的社会环境和社会关系中定位自我而区别于他者的角色确认。

（四）文化身份

文化身份（cultural identity）主要是指"个人根据自己所处的文化背景和文化传统确定自我的方式"[①]。关于文化身份，不少学者作出过自己的理解和解释。文化研究学者 Chris Barker 认为，文化身份是"自己或他人所认定，根据其所知而得的基本印象。文化认同指文化意义的节点，最有名的如：阶级、性别、人种、族群、国籍或年龄"[②]。弗里德曼（J. Friedman）认为，文化身份是"以有意识的具体的特定文化构型为基础的社会认同。历史、语言和种族对于文化认同来说，都是可能的基础，并且它们都是被社会性建构的现实"[③]。弗里德曼指出，文化身份"在最强的意义上，它是用种族或生物遗传的概念表达的。在最弱的意义上，它被表述成传统，或者是每个个体都可学习的文化遗产，在个体行为的层次上，它确实是清晰可辨的"[④]。斯图亚特·霍尔认为在理解文化身份时，至少有两种不同的思维方式：第一种立场强调文化身份的继承性、稳定性，第二种立场注意到文化身份中的差异点、变动性。

文化身份是从承认差异开始的，文化身份往往是多层次的、多元的，并不一定和民族国家完全一致。目前在国内的研究中，存在将文化身份和民族身份（或称族群身份）等同看待的现象。在理解文化身份时，我们需要将"文化身份""民族身份"与"族群身份"进行辨析。我国是个多民族国家，民族身份可以有两个层面的理解：一是作为中华民族意义上的民

---

① 文化认同.媒介研究词典［EB/OL］.［2017-10-21］.http://www.credoreference.com/entry/5888456.
② C. Barker.文化研究——理论与实践［M］.罗世宏，等译.台北：五南图书出版公司，2004：477.
③ 弗里德曼.文化认同与全球性过程［M］.郭健如，译.北京：商务印书馆，2004：356.
④ 弗里德曼.文化认同与全球性过程［M］.郭健如，译.北京：商务印书馆，2004：48.

族身份,二是组成中华民族的不同族群意义上的民族。从民族国家的意义上来说,民族国家是一个现代政治学概念,民族国家并不是严格依据文化认同来进行整合的,对于多民族国家来说,可能并不存在完全同质、单一的文化。因此,文化身份并不完全等同于民族身份。虽然一个族群在追寻自己的族群身份时必然要文化寻根,但文化身份并不完全等同于族群身份,可以将族群身份理解为个体文化身份中的一个层次。文化身份的形态丰富多样,有学者指出,文化身份的形成以内在的自我为原点,进而扩展到人在整体社会关系中的位置和角色。这种身份既有天赋的禀性,也有后天的习得;既是内在的本质,亦是实践的结果。从最自然的生物属性到社会共同的生活方式。① 在全球化、网络化的现代社会中,除了人种、语言、宗教、性别、地域、民族传统等元素外,生活方式、消费行为、媒介角色、网络通信等各种元素都可能成为文化身份的来源。中华民族多元一体的文化背景为我们理解新语境下身份主体的属性和行为提供了新的理论基础。

(五)自我意识

自我意识就是人对自己的认知。黑格尔(G. W. F. Hegel)认为,"自我意识是从感性的知觉世界的存在反思而来的,并且,本质上是从他物的回归"②。也就是说,自我意识来源于对他物的认识,是主体对自身"对象意识"的反思,是一种具有自我指向性的意识,"它反映的内容是主体对自身的需要、属性、状态、活动及其同外部客体关系的意识"③。自我意识并不是与生俱来的,而是从婴儿期开始,主体在对外部物质世界的探索和人类社会的交往互动实践中逐步形成和发展起来的。自我意识是一个多维度、多层次的心理系统,从自我意识的结构来看,可以分为生理自我、心理自我和社会自我,这三个"我"相互作用和影响,包括不同的自我认知、自我体验和自我控制。自我意识还可以包括现实自我、投射自我和理想自我

---

① 张劲松. 文化身份的内涵与要素[J]. 天津社会科学, 2015(5): 56.
② 黑格尔. 精神现象学: 上册[M]. 贺麟, 王玖兴, 译. 北京: 商务印书馆, 1987: 116.
③ 赵泳. 社会自我意识研究[M]. 西安: 陕西人民出版社, 1998: 4.

的层次，现实自我是个人对自己目前实际状况的看法；投射自我与库利所说的"镜中我"相似，是个人想象中他人对自己的看法，以及由此产生的自我感；理想自我是个人想要成为的自我。自我意识始终关注的是自己与周围环境之间的关系，包括对自己生理状态、心理状态、社会关系和社会角色的认知。自我意识是一个从感性到理性的发展过程，首先是一种基于本能的情感之上的自身的内在感受和体验，进而逐渐出现对外物的感受，再发展到对身体、外物的直观感受的超越，获得对事物的表象的认知，产生符号的概念，具备反思能力，最终形成人类的理性。在自我意识发展的过程中，人的认知能力不断提升，表现出对自主性、独立性的要求。

（六）身份认同

对于身份的研究主要从心理学和社会学两大路径展开，通过人的行为来进行研究。斯图亚特·霍尔（Stuart Hall）提出，"身份认同建立在共同的起源或共享的特点的认知基础之上，这些起源和特点是与另一个人或团体，或和一个理念，和建立在这个基础之上的自然的圈子共同具有或共享的。与'自然主义'这个定义形成对比，散发性态度把身份认同看作是一种建构，一个永远未完成的过程——总是在建构之中"[1]。自哥白尼革命开始，现代科学的发展一方面"向外"改变着我们对外部世界的认知，同时"向内"修正着我们对自我的认识。身份作为解释人的自我意识与社会关系的重要概念，成为哲学、心理学、社会学、人类学、语言学、政治学等学科论争的焦点。随着社会的发展及研究从不同理论视角进行的不断深入，一种处于抽象本体的、固定的自我观念一步步被解构，自我身份在社会实践中不断发展。

身份认同强调影响身份的因素主要是主体所处的社会文化和特定语境，身份所处的社会文化环境总是随着时代的发展和受到政治、经济、技术发展等因素的影响而处于变化之中，因而身份也是处于变动之中，是一个认

---

[1] 斯图亚特·霍尔，保罗·杜盖伊. 文化身份问题研究[M]. 庞璃，译. 开封：河南大学出版社，2010：3.

同和建构交织在一起的动态过程。身份认同主要关注身份在变动的社会环境中自我认知和社会环境、社会关系的互动，探讨身份主体的主观能动性在身份认同中发挥的作用。Tajfel 和 Turner 的社会认同理论主要探究个体的社会行为与身份认同之间的关系，认为"个人在社会生活中不断确定自我身份并将社会划分为内外群体，并将自己的语言、行为、习惯、价值等与内群体成员逐渐趋于一致并形成与外群体成员的差异"①。需要注意的是认同是一个过程，身份认同与自我过去和现在的身份是有联系的，并不是将自我过去或现在的身份完全抹去或推倒重来，认同本身就包含对现有身份的认知、调整、再构等过程，是一个在变化着的社会环境中调整或再生产自己的社会关系、社会角色、社会地位的具有主观能动性的过程。通过这个过程寻找到自己在社会中所处的位置，从而确认自我的意义。

五、文献综述

（一）"媒介使用与自我认知"相关研究综述

对人的自我认知的研究，源于在哲学意义上对"我是谁"的追问，有学者提出："身份研究是伴随着对'自我'的研究渐趋深化的。在哲学领域它映现为'同一性'命题，在心理学领域集中于'主体性'研究，在社会学领域表现为从差异文化政治角度对'文化身份'进行再审视。"②在复杂的现代社会环境中，自我认知的问题在诸多领域显现，关于"自我认知"的研究逐渐从哲学、心理学、社会学拓展到人类学、政治学、新闻学、传播学等众多学科领域，并呈现出跨学科交叉研究的态势。

---

① 王莹.身份认同与自我认知研究评析［J］.河南师范大学学报（哲学社会科学版），2008（1）：50.

② 赵静蓉.含混暧昧的他者［J］.东岳论丛，2015（1）：157.

1. 交叉学科研究中涉及的"媒介使用与自我认知问题"

早期关于"身份"的研究,极少有直接同"媒介使用与自我认知"主题相关的专著,只是在各人文学科领域与"认同"相关的著作中对媒介在身份认知中的作用或影响有所涉及。比如:凯思林·伍德沃德(Kathryn Woodward)主编的《身体认同:同一与差异》,涉及认同的社会、文化、政治、族群等多个层面。安东尼·吉登斯(Anthony Giddens)在《现代性与自我认同》中关注到在全球化语境中,媒介在自我发展和社会发展中扮演着重要角色。他提出:"在高度现代性的时代,远距离外所发生的事件对近距离事件以及对自我的亲密关系的影响,变得越来越普遍。在这方面,印刷或电子媒体明显地扮演着核心的角色。……伴随大众传媒尤其是电子传媒的发展,自我发展和社会体系之间的相互渗透,正朝向全球体系迈进,这种渗透被愈益显著地表达出来。"[①] 英国伦敦大学人类学系教授丹尼尔·米勒(Daniel Mille)主持的欧盟研究基金会项目"全球社交媒体影响",从人类学的视野出发,主要关注在全球化和信息化的背景下,数码科技和社交媒体的迅速发展对人际交往产生了怎样的影响、引发了怎样的社会变革。项目采用人类学田野调查的方式在全球八个国家九个田野点进行调查和比较研究,在中国的研究成果主要是王心远的专著《社交媒体在工业化中国》,研究者以浙江一个工业小镇的工人为研究对象,通过观察研究对象的日常生活、QQ 空间,研究他们为何使用社交媒体,如何使用社交媒体以及社交媒体如何改变他们。研究涉及技术与人的认知的关系问题,得出社交媒体并没有改变人性、没有使世界各地的人变得同质化等结论。

历史学者王明珂所著的《华夏边缘:历史记忆与族群认同》《羌在汉藏之间:川西羌族的历史人类学研究》,是有关族群自我认知和文化认同论述的代表作。在书中,王明珂先生认为:"将'文化'视为透过各种媒介的展演,我们才能见着'文化'动态的一面,并超越'客观文化现象'

---

① 安东尼·吉登斯.现代性与自我认同[M].赵旭东,方文,王铭铭,译.北京:生活·读书·新知三联书店,1998:5.

与'主观文化建构'之对立。客观文化在展演中被人们主观认知、批评与模仿,由此塑造或改变人们的认同;个人的主观认同,也透过文化展演而社会化、客体化。"[1]由于著述主题和学科背景的原因,王明珂先生没有就"媒介与自我认知"展开进一步研究,但他的观点很有启发意义,关注到了媒介的"展演"功能对自我认知的影响。这些研究引起研究者对"媒介与自我认知"问题的关注,为我们提供了"媒介与自我认知"的视角,并显现出"媒介与人的互动"研究的跨学科研究路径和取向。

2. "媒介与社会变迁"研究中涉及的相关研究

在媒介研究中,本书聚焦的"媒介与人的互动"往往被囊括到"媒介与社会变迁"这个更大的主题之下。研究者或从媒介内容,或从媒介技术,或从媒介与受众的关系层面展开研究。在关注"传播技术与人和社会变迁"方面,"媒介环境学"的研究比较突出,哈德罗·英尼斯(Harold Innis)、马歇尔·麦克卢汉(Marshall McLuhan)、约书亚·梅罗维茨(Joshua Meyrowitz)等发挥了关键作用。英尼斯在他的《传播的偏向》与《传播与帝国》中表明的基本观点是:"对任何文明都可以通过它的主要传播媒介来理解。"[2]他从媒介技术角度切入,分析媒介对社会形态以及社会心理产生的影响,这种方法对后来的研究者产生了持续的影响。麦克卢汉关注传播媒介对人类感觉中枢的影响,强调媒介方式而非媒介内容对社会变迁的介入式影响,他认为:电子媒介正在使我们重新部落化,将我们从单个的民族国家变成一个地球村。根据他的观点,媒介不仅构筑了一个环境,还形成了一种语言。媒介语言具有特定的语法规则,特定的媒介不仅是用来记录和传递思想的,还影响着人们接受信息的方式,从而塑造着

---

[1] 王明珂.羌在汉藏之间:川西羌族的历史人类学研究[M].北京:中华书局,2008:301.

[2] 玛丽·崴庞德.传媒的历史与分析——大众媒介在加拿大[M].郭镇之,译.北京:北京广播学院出版社,2003:138.

人们的文化和思想观念。① 受麦克卢汉影响，美国传播学者梅罗维茨在《消失的地域：电子媒介对社会行为的影响》（1985）一书中，将情境因素引入媒介和人的行为关系中，分析当代电子传播媒介（以电视为主）对人类的感知和社会的结构性变化，以及由此带来的新的社会身份和社会秩序的产生。雷蒙德·威廉姆斯（Raymond Williams）以辩证的方式，关注到人类对技术的主观能动性。鲍德里亚（Jean Baudrillard）对电子媒介的社会影响持悲观态度，认为现实世界被媒介符码意义操纵，人类社会正在丧失自主性。凯尔纳（D. Kellnel）的《媒体文化：介于现代与后现代之间的文化研究、认同性与政治》从文化研究的角度，认为媒体文化对人们的社会化和内部认同产生的影响不可忽视，为我们理解和剖析当代西方媒体文化及其影响提供了深刻而独特的视角与方法。以上学者的媒介研究中对媒介与人、媒介与群体、媒介与社会关系的关注颇具影响力。值得注意的是，他们关注的主要是印刷媒介、广播、电视等传统大众媒介，对网络媒介或略有提及但还不是关注的重点。

国内对于传统媒介的使用与影响研究主要集中在电视研究领域，这类研究主要在"发展传播学"的视域下展开，比如郭建斌的《独乡电视：现代传媒与少数民族乡村日常生活》，采用民族志的研究方法，从语言、宗教信仰、文化传统等角度阐述了媒介使用对村民身份认同方面的影响。该书着重于深描，理论探究较少。金玉萍采用实地调查法进行托台村维吾尔受众电视使用个案研究，探讨了国家、族群和媒介的互动关系，以及族群认同与国家认同的问题。杨洪新在《电视文化对新疆少数民族的国家认同建构》（《当代传播》2012年第5期）中讨论了电视对少数民族国家认同的建构模式。

---

① 宫承波，管璘. 传播学史［M］. 北京：中国广播影视出版社，2015：197.

3. "传统大众传播媒介与自我认知"相关研究

国内在有关书报杂志、广播、电影、电视等传统大众传播媒介对人的影响的研究中,研究者多从"媒介传播的内容"角度着手,探讨媒介对特殊群体的作用,比较突出的如媒介对中产阶层、女性群体、某些少数民族族等群体的自我认知的影响。目前的研究主要关注媒介,尤其是传统大众媒介在这些特殊群体生活方式、消费模式以及形象建构等方面的影响,比较忽视他们作为主体对媒介所建构的身份的理解及其生活实践。比较具有代表性的有孟繁华以鲍德里亚等的研究为理论脉络,梳理了《时尚》对中产阶层认同的影响,以及《时尚》如何通过文本为中国的中产阶层提供文化趣味的参照。例如,何晶《我国媒介文化文本对"中产阶层"的形象建构过程分析———一种互文性分析的视角》(《国际新闻界》2008年第2期),郑坚《传媒、现代性与中产阶层主体性——大众传媒的中产阶层叙事研究》(《中国文学研究》2010年第1期),刘梦宇《从〈西藏日报〉的评论看媒介对国家认同的塑造和传播》(暨南大学硕士学位论文,2014年),曾洁《中国主流媒体对民族认同的建构——以〈人民日报〉对西藏的报道为例》(《中国少数民族地区信息传播与社会发展论丛》(2010年刊),等等。

4. "网络媒介与自我认知"相关研究

随着媒介技术的发展,"网络媒介与自我认知"的议题逐渐引起研究者的兴趣。美国社会学者特克·雪莉(Tek Shirley)是网络时代自我认知研究的主要学者,她的著作《虚拟化身:网络时代的身份认同》,是关于社会学、人类学和人格心理学的交叉研究,主要采用田野调查和临床研究的方法探索自我认知的过程,主要探讨电脑时代如何影响人的自我认知、自我界定,塑造人们思考与感觉的方式。钱德勒(D. Chandler)对网络时代产生的博客、网页、网络社区等与个人和群体认知之间的关系进行了研究。曼纽尔·卡斯特(Manuel Castells)的"信息时代三部曲"之二《认同的力量》,将国家、民族、社区与个人身份认同放置到全球化、网络化的时代大背景下进行阐述。他认为:"新的权力存在于信息的符码中,存在于再现的影像中;围绕这种新的权力,社会组织起了它的制度,人们建立起了自己的生活,并决定着自己的所作所为。"① 他指出,技术导致全球化、认同的力量以及国家制度之间的互动,未来世界具有更多的不确定性。美国学者戴维·莫利(David Morley)和凯文·罗宾斯(Kevin Robbins)所著的《认同的空间:全球媒介、电子世界景观与文化边界》主要研究以电视和网络媒介为主的电子媒介在重塑与改变欧洲人文化认同中起到的作用。

在"网络媒介与自我认知"的研究中,研究者逐渐注意到网络媒介传播的双向特征,关注到的研究对象主要为大学生、新生代农民工、"蚁族"(大学毕业生低收入聚居群体)、海外华裔、网络迷群、网游群、网络团购群、男同女同、文艺青年等。比较具有代表性的有:潘忠党、周葆华认为,社会成员的地位认同和社会阶层受到手机和互联网的影响。邓惟佳的博士学位论文《能动的"迷":媒介使用中的身份认同建构》(复旦大学2009年,陆晔教授指导)采用个案研究的方法,阐释了网络"迷群"通过网络媒介使用,是如何进行自我认同的。谭文若的论文《"蚁族"群体在网络媒介使用中的身份认同构建》(《新闻界》2013年第23期)分析了"蚁族"如何运用网络媒介设置身份边界,形成群体认同。杨嫚的论文《消费与身份构建:一项关于武汉新生代农民工手机使用的研究》(《新闻与传播研究》2011年第6期)认为虽然手机消费带给新生代农民工表达自我身份的主动性,但并不能从根本上重塑他们的社会身份。

此外还有一些博士学位论文从媒介与认知的角度切入进行研究,比较具有代表性的有左旭东的博士学位论文《媒介发展与网络认同研究——以人民网、人民日报受众调查为例》(中国人民大学,2003年,沙莲香教授指导),刘燕的博士学位论文《后现代语境下的认同建构》(浙江大学,2007年,邵培仁教授指导),以后现代认同的媒体与社会语境的改变为背

---

① 曼纽尔·卡斯特.认同的力量[M].曹荣湘,译.北京:社会科学文献出版社,2003:3.

景，探讨传播科技在宏观、中观、微观层面对后现代认同所起的塑造与建构作用，主要关注电子媒介的强势介入对身份认知的影响。

5. 综述的启示与意义

第一，在"交叉学科研究"与"媒介与社会变迁研究"中间接指向"媒介与自我认知"的研究体现了媒介与人的塑造受到学者关注，说明媒介与自我认知之间的关系是值得深入研究的问题，并为本书的研究视野和研究方法带来诸多启示，为本研究提供了的理论参考。凯思林·伍德沃德（Kathleen Woodward）在其主编的《身体认同：同一与差异》中运用哲学、人类学、社会学、文化研究等多学科理论，从社会、文化、政治、族群等多层面进行关于认同的研究，为本书提供了跨学科的研究视野。安东尼·吉登斯在《现代性与自我认同》中将媒介在自我发展和社会发展中扮演的重要角色放到全球化的语境中思考，促使本书在研究的过程中注重将网络媒介的使用与塔吉克人身处的时代语境和社会语境相结合。英国伦敦大学人类学系教授丹尼尔·米勒主持的欧盟研究基金会项目"全球社交媒体影响"，采用人类学田野调查的方式为本书提供了研究方法上的借鉴。英尼斯、麦克卢汉、梅罗维茨等的研究为本书提供了"人、媒介与社会"的研究视野，促使本书在对塔吉克人网络媒介的使用与自我认知的研究中进一步思考人与技术、技术与社会的关系问题。发展传播学的相关研究启发本书将媒介的使用与族群的发展联系起来进行现实思考。

第二，在"传统大众媒介与自我认知"相关研究中，大部分研究着眼于媒介对自我认知的单向影响，也有少数学者运用"民族志"的研究方法，关注到受众在自我认知中的主动性，需要注意的是这类研究中有的研究者自我归类为民族志研究，但深入田野调查时间不够，不是严格意义上的民族志。能被称为民族志研究的，侧重于"深描"，深入的理论观照不够，但他们的经验得失为本书研究提供了研究视角、研究方法、研究路径方面的反思和借鉴。

第三，从"网络媒介与自我认知"的相关研究来看，研究者逐渐加强了对媒介使用者在自我认知中主动性的关注，但研究成果比较零散，尤其是对中国的少数民族的网络媒介的使用与自我意识、身份意识、自我认知的相关研究较少，能被普遍接受和认可的研究范式尚未建立。这些类型的研究主要在网络空间进行，大多通过分析研究对象在网络空间中产生的文本来进行考察，缺乏与现实空间和社会语境的勾连，研究的层面比较单一，往往就网络而网络，缺乏历史纵深的考察和将研究放置到时代语境、社会语境中的视野。研究成果多为对研究问题的现象性描述，对现象背后的深层逻辑探讨不够。针对"网络媒介与自我认知"的研究现状，本书把网络媒介与研究对象的自我认知问题放置到"人、媒介、社会环境、族群发展"的视野下进行研究，研究在更为广阔的多维时空中进行，结合研究者所处的时代语境和社会语境，勾连线上与线下、历史与当下，力求将研究做得深入，既能为该研究领域贡献一个翔实的个案研究成果，又能在研究范式上有新的突破与发现。

（二）"中国塔吉克"相关研究综述

帕米尔高原塔什库尔干县塔吉克人的族源历史可以追溯到公元前2000年生活在中亚草原上的雅利安人的大迁徙。大迁徙的过程中，一支迁入伊朗高原，一支迁入印度，一支迁入欧洲，还有一支迁入我国塔里木盆地及其周边地区，他们在以帕米尔高原塔什库尔干为中心的地区定居并创建了自己古老的文化。[①] 历史上的"塞人""粟特人""朅盘陀人"等可视为塔吉克人的先民，1953年我国开始进行民族识别工作，"塔吉克族"的民族身份被固定下来，塔吉克人的研究得到逐步发展。

20世纪50年代，报刊上逐渐出现了一些与中国塔吉克人相关的报道，如《蒲犁县塔吉克民族的革命一页》（《新疆日报》，1951），《蒲犁县第三区第一乡塔吉克牧民生活的变化》（《新疆日报》，1952），《塔吉

---

① 西仁·库尔班，马达力汗·包仑，段石羽.中国塔吉克[M].乌鲁木齐：新疆大学出版社，2012：41—42.

克人的今昔》(《人民日报》，1959)，等等，这些报道逐渐将学者的眼光吸引到对遥远的帕米尔高原上塔什库尔干县塔吉克人的研究上。1956年的少数民族语言调查、社会历史调查等为以后的塔吉克研究奠定了基础。近年来，中国塔吉克因其特殊性和重要性日益受到研究者的关注，取得了涉及塔吉克族社会历史、语言文学、文化艺术、人口体质、移民搬迁、新闻传播等方面的系列研究成果。

1. 族群渊源与历史发展方面

首先是对塔吉克族群渊源的考证，现在的基本结论有两种，一种是中国塔吉克的形成涉及古代的塞人、粟特人等操伊朗语的部族和居民，他们属欧罗巴人种。另一种观点是中国塔吉克的族源可分为两支，一支是白种人之伊兰人，另一支是黄种人之羌人。相关的研究成果：论文方面有贺继宏的《伊兰人、羌人与我国塔吉克族》(《西域论稿》，新疆人民出版社，1996)，何星亮的《塔吉克族族称及其早期文化》(《西域研究》1994年第3期)，段石羽的《我国塔吉克族的形成及其历史演进》[《新疆大学学报》(哲学社会科学版)1994年第2期]，王炳华的《古代塞人历史钩沉》(《新疆社会科学》1985年第1期)等；专著有罗家云等主编的《塔吉克族：新疆塔什库尔干县提孜那普村调查》，王治来的《中亚史纲》，等等。后来的一些对塔吉克族人口体质的研究为族源问题提供了新的佐证，如姚卫坤的《新疆散杂居塔吉克族混合家庭生活研究》(《实事求是》2011年第1期)，邵兴周等《新疆塔什库尔干塔吉克族体质特征调查》(《人类学学报》1990年第2期)，等等。邵兴周等认为，塔吉克人的特征与白种人中的印度—阿富汗类型很接近。

对于中国塔吉克历史的考证，主要成果有西仁·库尔班等编的《中国塔吉克史料汇编》，该书从中外历史典籍、探险家记录和著作中收集资料汇编而成，解决了以往有关塔吉克的史料记载零散的问题。关于历史上不同时代对帕米尔地区的治理的研究，主要关注的是塔吉克历史上的揭盘陀国时期、清王朝时期、近代以来英俄私分帕米尔时期，以及中华人民共和国成立以后时期。主要研究成果为论文，有肖之兴的《葱岭古国揭盘陀考》[1]，李强等的《19世纪中后期清政府对帕米尔的政策》(《西域研究》2004年第3期)，苏北海的《关于帕米尔的历史问题》(《中国历史地理论丛》1996年第3期)，张来仪的《沙俄、阿迦汗三世与帕米尔》(《新疆社会科学》2006年第1期)，郑史的《沙俄武装侵占我国帕米尔地区的历史真相》(《历史研究》1977年第6期)，许建英的《关于帕米尔交涉的几个问题》(《中国社会科学院研究生院学报》2003年第5期)，洪佳师等的《塔什库尔干塔吉克自治县发展概况》[《新疆大学学报》(哲学社会科学版)，1994]，等等。

2. 社会文化方面

对塔吉克社会文化的研究从20世纪80年代逐渐兴起，一些学者对塔吉克人的社会经济、物质文化、宗教信仰、婚姻家庭、文化艺术、风俗习惯等进行了研究。主要成果有英国学者柯宗的专著《穿越帕米尔高原》，西仁·库尔班等的专著《塔吉克族民俗文化》《鹰的传人》和论文《塔吉克民族的原始宗教信仰》(《新疆社科论坛》1998年第3期)，《试论塔吉克文化中的四大象征》(《新疆大学学报》2005年第5期)，李晓霞的《塔吉克族》，李永胜的《塔吉克民间风俗》[《新疆大学学报》(哲学社会科学版)1994年第2期]，刘明等的《婚俗视域下塔吉克女性社会角色的人类学考察》[《新疆师范大学学报》(哲学社会科学版)2012年第5期]，熊坤新等的《塔吉克族伦理思想管窥》[《新疆师范大学学报》(哲学社会科学版)2006年第3期]，房若愚、葛丰交的《塔吉克族的爱国主义传统》(《新疆社科论坛》2006年第3期)，等等。

---

[1] 再白滨，史金波，等. 中国民族史研究（二）[C]. 北京：中央民族大学出版社，1989.

3. 语言文学方面

中国塔吉克人使用的语言属印欧语系伊朗语族的东伊朗语支，也被称为帕米尔语支。中国塔吉克主要分为色勒库尔塔吉克和瓦罕塔吉克两支，因此所使用的语言分为色勒库尔塔吉克语和瓦罕塔吉克语。研究者除了从塔吉克语语言本体角度进行研究，主要还从社会语言学的角度关注，研究塔吉克人的多语言现象，汉语、维吾尔语、塔吉克语在塔吉克人中的使用情况，以及塔吉克语的未来使用和发展趋势等，如杨群等的《塔吉克语的使用与保护——来自新疆塔什库尔干塔吉克自治县的调查》。有学者提出："新疆塔什库尔干县的塔吉克族较好地保持了本民族的语言。随着交通、通讯、广播电视和教育等事业的发展，塔吉克人的语库逐渐扩大，很多人成为双语人或多语人。"①

学者们还对塔吉克族的文学和民歌进行了研究，主要成果有李永胜的《解放后塔吉克文学概况》[《新疆大学学报》（哲学社会科学版）1994年第2期]、李永胜的《塔吉克民间艺术和民间口头文学》[《新疆大学学报》（哲学社会科学版）1994年第2期]，阿不力米提·司马依等的《论塔吉克族文学》[《西北民族大学学报》（哲学社会科学版）1983年第2期]等。值得关注的是，这些研究有的涉及了塔吉克文学中的伦理、道德、审美、婚恋观等。

4. 艺术方面

主要是对塔吉克独特的舞蹈音乐、头饰、绘画等艺术进行的研究。值得注意的是研究者将塔吉克艺术与塔吉克人的文化根源、民族文化心理联系起来进行探讨，比如，赵妍等的《塔吉克传统服饰特征及其文化探源》（《天津工业大学学报》2002年第5期），赵芸的《论塔吉克族传统服饰装饰纹样的民族文化心理》（《美术大观》2011年第2期），巴吐尔·巴拉提的《帕米尔高原的生命智慧——塔吉克鹰舞文化阐释》（《民族艺术

---

① 刘玉屏.塔什库尔干塔吉克族语言使用与语言态度调查[J].西北民族研究，2010（1）：79.

研究》2014年第3期），等等。有学者提出："作为塔吉克族区别与其他民族的主要标志之一的民族传统服饰装饰纹样，不仅是其民族文化的重要载体之一，也体现着塔吉克族与众不同的民族文化心理。"①

5. 移民搬迁方面

关于塔吉克人移民搬迁方面的研究，主要有刘正江的《塔吉克人的文化变迁：从牧民到农民的身份转变》（《喀什师范学院学报》2008年第4期），敏俊卿等的《生态移民的社会文化适应研究——以塔什库尔干阿巴提镇为例》（《西北民族研究》2008年第3期），刘明的专著《迁徙与适应——帕米尔高原塔吉克族民族志》，等等。值得注意的是刘明在书中提到了现代技术对塔吉克人生活的影响，比如现代摄影器材、电脑等进入塔吉克人的生活，并认为塔吉克人迟早要面临现代化的冲击。②

6. 新闻传播、媒介研究方面

与塔吉克人新闻传播、媒介使用方面相关的研究目前处于起步阶段，目前公开发表的仅有的一篇直接相关的成果是杨婧、阿斯买·尼亚孜的《新疆塔吉克受众接触新闻媒介情况分析》（《当代传播》2007年第3期）。该论文主要用量化研究的方法，分析了塔吉克受众对报纸、广播、电视三大新闻媒介的接触情况，总结了塔吉克受众媒介接触行为的特点和问题，该论文采用的数据来自阿斯买·尼亚孜主持的2002年国家社科基金课题"现代传播行为与边疆少数民族传统文化观念的冲突与调试"，该课题主要采用量化研究的方法对新疆维吾尔族、哈萨克族、柯尔克孜族、塔吉克族等多个民族的受众使用媒介情况（以传统大众媒介为主）进行调查，研究成果对这些民族的传统大众媒介使用情况进行了描述，缺乏深

---

① 赵芸.论塔吉克族传统服饰装饰纹样的民族文化心理［J］.美术大观，2011（2）：67.
② 刘明.迁徙与适应——帕米尔高原塔吉克族民族志［M］.北京：社会科学文献出版社，2014：53.

入的原因和关系分析。与塔吉克受众相关的这篇论文总结出塔吉克受众的特点是：塔吉克受众接触媒介的比例是电视＞广播＞报纸；文化程度影响了人们对报纸的接触频率；塔吉克受众对媒介的参与度不高，对媒介的反馈能力较弱；大众传媒对塔吉克受众的消费观念有影响，但对消费行为影响不大。目前与塔吉克人网络媒介使用相关研究尚未公开发表成果。另外，同属阿斯买·尼亚孜课题成果的论文《新疆少数民族网络受众调查分析》［张文锋，《新疆大学学报》（哲学社会科学版）2005年第6期］运用2002年的调研数据对新疆网络受众进行分析，其中提到塔吉克受众的相关情况，当时调研结果显示塔吉克族和哈萨克族、柯尔克孜族是新疆家庭中拥有电脑率较低的三个民族，尤其是塔吉克族因为居住在帕米尔高原不仅拥有电脑率低，对电脑技术的掌握也很困难，被调查的塔吉克族中98.21%的人不会使用电脑，用电脑查阅资料、收发邮件、浏览电子杂志书籍的比例为零。

综上所述，目前对中国塔吉克的研究涉及面较广但缺乏深度，介绍性、描述性多，研究性少，跨学科交叉研究不足，大部分研究采用文献研究或问卷调查的方法，缺乏深入实地、长期细致的参与式研究。对网络媒介使用与塔吉克自我认知的研究将有利于我们进一步把握塔吉克社会的发展动态，对未来的发展走向作出预测和判断。

六、研究方法与创新点

（一）研究方法

本书采用以质化研究为主、量化研究为辅的方法对塔吉克人网络媒介的使用与自我认知的过程进行研究。

1. 田野调查法

田野调查法是本研究采用的主要研究方法，这种方法发端于人类学研究，主要是深入研究对象的日常生活实践中，用参与式观察、深度访谈等方式收集资料、展开研究。正式进入博士学位论文研究之前，笔者曾两次到塔什库尔干县进行短期调查，进入博士学位论文研究后，笔者以支教的方式于 2017 年 3 月到 7 月间，深入当地塔吉克人的社会生活中，在与塔吉克人的工作和生活交往中观察了解塔吉克人的社会文化、生产生活、人际交往、权力关系、网络媒介使用等方面的情况。在此过程中笔者参照职业身份和年龄、性别维度，选取了 60 余名塔吉克人进行了深度访谈，尤其与 6 名创办微信公众号的塔吉克人保持了长期的交流，也在塔吉克青少年中组织了焦点小组访谈。田野调查的主要目的是了解网络媒介对塔吉克人社会的影响，了解他们在日常生活实践中、在社会语境中如何使用网络媒介以及使用行为背后的深层原因，了解他们在现实空间中的自我认知与在网络空间中自我认知的异同。以便进一步探讨网络媒介的使用与塔吉克人自我认知背后的逻辑，以及人、媒介与社会变迁之间的关系问题。

2. 网络民族志

网络民族志也称虚拟民族志，"是以网络虚拟环境作为主要的研究背景和研究环境，利用互联网的表达平台和互动工具来收集资料，以探究和阐释互联网及相关社会文化现象的一种方法。"[①] 网络民族志不仅将互联网作为研究的田野，同时也将其作为定性研究的数据收集工具。网络民族志是在对经典的民族志方法予以调整和改进的基础上，致力于以独特方式理解互联网及相关现象的方法，也可以看作是传统民族志方法向网络空间的延伸。

本研究采用网络民族志的方法，主要考察塔吉克人在网络空间中的符

---

① 卜玉梅.虚拟民族志：田野、方法与伦理[J].社会学研究，2012（6）：220.

号生产活动以及人际交流情况，根据塔吉克人在网络空间中进行符号生产与人际交流的实际情况，本书主要选取了与塔吉克人相关的百度贴吧中塔吉克人和外群体成员共同参与人数最多、发帖量最多的"塔吉克吧"、塔吉克人创办的影响力较大的10个微信公众号以及160余名塔吉克微信好友的朋友圈作为考察塔吉克人网络媒介的使用与自我认知情况的主要范围。对塔吉克人在网络空间中的符号生产和交往行为的考察时间均持续一年以上，笔者利用微信、QQ等对研究对象的参与式观察和互动交流也持续了一年以上。

由于网络空间和网络下的社会空间是动态地互相建构的，或者说网络中的社会关系不是与现实生活相异的、分离的，而是嵌入日常生活的，同时线下空间也是嵌入并在网络空间中再生产的。对本研究而言，笔者理解的"田野"不仅在线下生活空间也在线上的网络空间中，本书注重将实地田野调查与网络民族志的研究方法结合起来，对研究对象的网络媒介使用行为与自我认知情况进行研究。笔者认为，对于本书的研究而言，两种方法缺一不可，塔吉克人在线上、线下的自我认知行为都是理解塔吉克人在与媒介互动中自我意识、身份意识发展变化的面向，如果仅用田野调查法或网络民族志，都有可能陷入某种程度的遮蔽，难以客观及接近真实。

3. 问卷调查法

本书采用问卷调查法，目的是收集一些与塔吉克人网络媒介使用情况相关的数据，对塔吉克人目前的网络媒介的使用情况有一个大致的了解。该调查问卷的使用经历了一个问卷设计、预调查和正式调查的阶段。问卷调查的内容主要分为三个部分，第一部分是对受访者性别、年龄、婚姻状况、生活地区、文化程度、职业、收入等基本情况的了解。第二部分是针对受访者的网络使用基本情况，如上网时间、地点、频率、物质设备、网络应用的基本使用情况以及网络交际等设计了35个问题。第三部分围绕网络媒介的使用可能给塔吉克人的传统生活带来的影响提出了12种假设性表述，对塔吉克人关于这些表述内容的态度进行测量（调查问卷见附录一）。针对塔什库尔干县乡镇分散、熟人社会特征明显的情况，本书采用先通过网络传播随机抽样再通过实地配额抽样完善受访者性别和年龄结构的方法，依靠塔吉克朋友滚雪球传播的方式投放调查问卷，回收有效问卷587份。根据回收的有效问卷，男性受访者占比60.65%，女性受访者占比39.35%，15—35岁的受访者占比87.91%，36—45岁的受访者占比9.20%，其他年龄段受访者占比较少，受访者的年龄和性别分布状况与笔者在塔什库尔干县电信、移动、联通三家公司了解到的网络用户性别、年龄分布情况相似。本书通过调查问卷收集到的数据对塔吉克人网络使用的基本情况进行了描述。

除了以上三种主要的研究方法外，本书还涉及文献法，查阅与研究对象相关的文献，目的是对塔吉克族群形成的历史过程有清晰的认识，把握塔吉克人的文化特征，为研究打下基础。另外，通过查阅与研究相关的文献资料，把握与研究主题相关的研究理论和成果。

（二）创新点

1. 研究视角的创新

本书从塔吉克人对网络媒介的物质形态（智能手机、电脑等设备）的使用和基于网络媒介技术特性的使用两个方面切入，透过这个视角考察网络媒介在塔吉克人日常生活环境中的使用和在网络空间中的使用情况，探索基于网络媒介物质形态和技术特性的使用与塔吉克人自我意识、身份意识的变化发展的关系。目前对一个群体或族群网络媒介的使用的研究大多是关注技术层面的使用，多研究使用者在网络空间中的使用情况，或微信、QQ等某一具体应用的使用情况。本书的研究视角在同类研究中具有创新性。本书的研究视角把网络媒介作为一个兼具物质特性和技术特性的整体，将网络媒介的使用与使用者所处的社会文化环境勾连起来，将网络媒介的使用与自我认知作为一个过程来进行全面、立体的考察。这在"媒介与自

我认知""媒介与社会变迁"等研究领域具有创新性。

2. 研究方法的创新

以往对"媒介与自我认知"的研究一般有两种路径，一是从媒介传播的角度研究大众传媒如何通过传播的内容来影响受众的自我认知，多使用内容分析、话语分析、文本分析等研究方法；另一种是从受众使用角度进行研究，多使用问卷调查的方法考察受众的媒介使用情况并进行量化分析。以往的研究在一定程度上将网络文本、媒介使用行为和社会语境相割裂。本书采用以质化研究为主、量化研究为辅的研究方法对"网络媒介的使用与塔吉克人自我认知"进行考察。在质化研究方面，主要是将"深度田野调查法"和"网络民族志"结合起来，互为补充和参考。在研究中将塔吉克人网络媒介的使用行为、社会文化语境、网络文本等关键维度相结合，梳理不同维度之间的逻辑联系和互动关系，在身份意识的变动性和多样性中把握网络媒介的使用与自我认知这一复杂的过程，这是本书在研究方法上的创新点。本书认为网络媒介的使用者在不同的空间、不同的情境中会有不同的行为表现，由于网络媒介与人们生活世界的日益互嵌，只有将"田野"的范围拓宽才能比较客观地为网络媒介的使用者及其使用行为画像。

3. 理论运用的创新

本书以"媒介研究"为主线，将人类学、社会学、传播学、技术哲学等多学科理论视野并置，形成新的理论界面。本研究以人文主义的技术哲学作为哲学层面的参考，探讨人与媒介的形塑关系；在媒介研究层面根据自己研究对象的特征，将媒介环境学和发展传播学的理论视野有机结合，形成了"人、媒介、社会环境与族群发展"的研究视野，在更为具体的层面运用身份认同理论、赋权器理论、符号传播学理论等进行分析，在同类研究的理论运用路径上具有创新性。

七、理论资源与文本结构

（一）理论资源

与"自我认知"相关的研究具有复杂性，目前没有一套完整系统的理论可直接使用。本书从"媒介与自我认知"的角度切入研究塔吉克人网络媒介的使用与自我认知问题，虽然以媒介研究为主，但相关问题必然会涉及哲学、人类学、民族学、心理学、社会学、传播学等诸多学科领域。因此，本人在研究过程中，在理论框架构造方面，根据自己的研究内容和研究需要，采用将多学科理论并置的方式，产生新的界面，进而在新的界面中进行理论间的勾连与对话。当然在这个界面中也有层次之分。

首先，关于"自我认知"的研究，源于哲学领域中对"我是谁"的追问，在讨论网络新媒介与自我认知的问题时，必然会思考到技术的本质与人的本质及两者的关联问题。本书将主要以人文主义的经典技术哲学思想作为本书关于"网络媒介与人的形塑关系"在哲学思考层面上的参考。人文主义路线的技术哲学研究主要从哲学、文化、宗教、政治、社会等人文学科的角度对技术进行解释和批判性认识。其学科范式特征表现为视域的多元化、理论基础上的后现代性和方法上的规范性。主要代表人物有芒福德、海德格尔、艾吕尔等，他们对技术进行批判性的认识，同时关注到在人与技术的关系中人的作用。人文主义的经典技术哲学思想可以为本书拓展对人性与技术关系的理解。

在"媒介与社会"研究层面，本书参考了"媒介环境学"和"发展传播学"的相关理论，根据自己研究的具体问题，结合"媒介环境学"提倡的"媒介、人与社会文化"的研究视野和"发展传播学"主张的"传播、边缘群体与社会变迁"的研究视野，形成了本书的"媒介、人、社会环境

与族群发展"的研究视野。在研究的过程中将"媒介环境学"第三代理论主张"文化／技术共生论"和"发展传播学"中的"赋权"理论勾连起来，探讨塔吉克人在网络媒介的使用与自我认知的过程中体现出的"人、媒介、社会环境之间的互动关系"以及"塔吉克人文化传承和族群发展"的问题。

在更加具体的层面，本书对塔吉克人在各个层面对网络媒介的使用与自我认知进行考察时，运用了身份认同理论、赋权器理论、符号学理论等更多的理论资源对塔吉克人使用网络媒介与自我认知相关的现象进行解读，在具体的分析中找出塔吉克人在网络媒介的使用与自我认知的过程中的影响变量，探寻塔吉克人网络媒介的使用与自我认知的关系。

（二）文本结构

本书在"人、媒介、社会"的研究视野下展开，跳出单纯的"媒介—受众"或"媒介—权力"模式，将媒介放置到研究对象日常生活的社会环境之中，与人的生活方式、自我意识、社会文化环境联系起来进行考察。

本书不仅关注塔吉克人对网络媒介技术特性的使用，也关注塔吉克人对网络媒介物质形态的使用。从塔吉克人在日常生活中对网络媒介物质形态的使用（作为家具、礼物）、基于网络媒介连接性、搜索性的技术特性的使用和利用网络媒介的技术特性在网络空间中进行符号生产三个层面来考察塔吉克人网络媒介的使用与自我认知之间的关系。主要考察在这个过程中，塔吉克人的自我意识是如何发展变化的，以及有哪些因素在这个过程中产生作用。除了第一章"绪论"和第七章"结语"外，本书的主体结构可以划分为三部分。

第一部分就是第二章的内容。在这一章中，首先从网络社会兴起的时代大背景出发，追溯到网络媒介技术原生禀赋是如何产生的，并阐述由网络媒介技术的发展带来的社会环境的变迁。从理论上探讨网络媒介具有的技术特性与自我认知的可能，为全文的研究奠定一个理论基础。其次将视野从理论探讨转向塔吉克人的网络媒介使用实践，介绍塔吉克人生活的地理环境、自然环境和传统社会文化环境，概述网络媒介进入塔吉克人社会的基本情况，阐明网络媒介的使用在塔吉克人社会中已具有普遍性，对网络媒介的使用与塔吉克人的自我认知进行研究具有可行性。第一部分主要是提供了一个从理论到实践的研究视野。

第二部分是全文的主体部分，包括第三章、第四章和第五章的内容。在这一部分中主要是从网络媒介的物质形态和技术特性两个方面出发，从塔吉克人将网络媒介的物质形态作为家具、礼物的使用，在日常生活中基于网络媒介的技术特性进行的连接性、搜索性使用和利用网络媒介的技术特性在网络空间中进行符号生产的使用三个层面来考察研究网络媒介的使用与塔吉克人自我认知的问题。第三章主要研究网络媒介的物质形态在塔吉克人生活中的使用情况，网络媒介的物质形态（智能手机、电脑等）在塔吉克人的生活中扮演着家具、礼物的角色，在这个层面的使用上，塔吉克人使用的主要是网络媒介物质形态的象征功能。文中阐述了作为物的网络媒介的使用在家庭中的空间位置和意义，分析了作为物的使用的网络媒介对塔吉克人固有的时空秩序产生的影响，以及由此带来的权力关系、社会关系和社会身份的变化，网络媒介在塔吉克人的生活中作为物的使用客观上对塔吉克人的自我意识产生触动作用。第四章主要阐述塔吉克人在生活中利用网络媒介技术特性进行的连接性、搜索性使用。连接性使用方式具体体现在个人社会交际、婚恋交往、消费与销售、各种新型的微信朋友圈的建立等。搜索性使用主要体现在搜索"附近的人"添加好友、了解外面世界、了解相关历史文化等。文中分析了在进行各种形式的连接性、搜索性使用中，塔吉克人社会原有的资本转化方式、权力关系、社会关系等发生了变化，塔吉克人在传统社会中身份固化的情况发生变化，具有了产生新的社会身份的可能。在这个层面的使用中，网络媒介的使用对塔吉克人的自我意识、身份意识起到唤起作用。第五章主要考察塔吉克人利用网络媒介的技术特征在网络空间中进行符号生产与文化自我认知的情况。文

中对塔吉克人在历史沉淀中形成的群体文化记忆进行了阐释。这一章着重考察了塔吉克人在网络空间中的符号生产与自我认知情况，主要从原创音乐、族群文化影像两个方面进行详细的阐述和符号学的分析。发现在网络空间的不同场景中，塔吉克人凸显的文化身份层次有区别。

第三部分就是第六章的内容。这一部分是在第二部分经验研究的基础上对塔吉克人网络媒介的使用与自我认知问题进行的理论分析。阐释了塔吉克人网络媒介的使用与自我认知过程中体现出的自我意识、身份意识的发展经历了从"我是"、"我该"到"我能"的过程。分析了人与媒介的关系问题，提出在网络媒介的使用与塔吉克人的自我认知过程中，体现出人与媒介的同构关系。

最后，在结语部分，重申了本研究的脉络，总结了研究中的发现，对塔吉克人及其相类似群体的"文化认同"和"国家认同"，塔吉克族群发展问题进行了现实思考和讨论，说明研究存在的局限和今后可能的研究方向。

第二章
网络社会的兴起与网络媒介进入塔吉克人生活

  我们正处于一个网络社会兴起的大时代,一幅全球网络化的图景正在展开。自 1998 年联合国新闻委员会将互联网正式定为"第四媒体"以来,人类社会结构和人们的生存方式再次因技术的发展而发生革命性变化,人类从电气时代过渡到信息时代,呈现出信息化、全球化、网络化的主要特征。曼纽尔·卡斯特将这个伴随着网络媒介新技术发展而逐渐浮现的新的社会结构概念化为"网络社会"。人类传播技术的每一次重大变革都会带来物质世界和精神世界的急剧变化。阿尔文·托夫勒在《第三次浪潮》中阐述了媒介与人的认知之间具有复杂的不可分割的关系,认为媒介革命必然导致精神革命。对于生活在帕米尔高原上的塔吉克人来说,网络社会的兴起,将他们从以畜牧为主、农耕为副的传统社会快速卷入全球化、网络化的信息社会,田园牧歌式的生活被打破,塔吉克人传统的物质生活和精神世界受到极大的冲击。在精神领域,首先就是身份问题,因为在传统社会,身份处于给定的、规定的、固化的状态,生活在相对偏远封闭环境中的人们很少去考虑"我是谁"的问题。进入网络时代,在全球网络化的进程中,在网络媒介使用的过程中,塔吉克人与更多的外群体成员相遇,促使他们开始思考"我是谁"的问题,当人们开始思考"我是谁"的问题时,就意味着自我身份意识的发端。

  与传统媒介不同的是,网络媒介具有的连接性、开放性、即时性、互动性等特征使得网络媒介日益紧密地嵌入人们的生活世界,一方面,在日

常生活的社会环境中，网络媒介打破时空限制，原有的权力关系、社会关系可能发生改变，旧的身份可能消失，新的身份可能产生，可能触发人们对自我进行反思；另一方面，网络媒介的技术特征给以往无法在大众传媒中得到的自我表达和人际交流提供了表达交流的空间，这使得人的自我认知成为可能。对帕米尔高原塔什库尔干县的塔吉克人来说，在传统媒介时代，他们在媒介话语中的身份主要由他者建构，塔吉克人基本处于失语状态。网络媒介具有的技术特性为塔吉克人自我表达、自我认知提供了可能。本章主要从网络媒介的技术特性出发，结合在网络化社会中浮现的身份问题，从理论上探讨身份的可建构性和网络媒介为自我认知提供的可能性，在理论探讨的基础上，将研究视野从传统社会环境中的塔吉克人转向网络化社会环境中的塔吉克人，以网络媒介在塔吉克人中的基本使用情况作为起点，为全文的研究提供一个从理论到实践的研究视野。

一、网络社会的兴起与网络媒介赋能

关于身份的认识，有本质主义和建构主义两种主要的观点，本质主义的身份观认为身份是"自然拥有或生成的，是通过个人的意志和理性而获得的，……个人及其隶属的群体的 identity 都是内在的、同一性的、确定的、完整的、统一的、总体性的、有边界的"。[①] 随着网络社会的发展，人们面临的是一个充满着更多不确定性的世界，人们面临着身份的漂移、碎片化的问题，另外，以互联网技术为基础的网络媒介的技术特性也为人们在新的社会环境中进行自我认知提供了可能。这使得人们开始注意到身份的变动性和可建构性问题。

---

① 张静. 身份认同研究：观念·态度·理据［M］. 上海：上海人民出版社，2006：47.

（一）网络社会的兴起与身份问题的浮现

2017年1月，被誉为"互联网之父"的温顿·瑟夫（Vinton G. Cerf）到访中国，他在描述全球网络化图景以及中国在这个图景中所占的板块时提出，目前全球接入互联网的设备总量达到了100亿—150亿台，全球互联网用户总数约为35亿，约占全球总人口的二分之一，中国拥有网民超过7亿人，这意味着中国的网民人数占据全球网民人数的五分之一。① 毫无疑问，我国在全球网络化的进程中占据着重要的地位。自1994年通过一条64k的国际专线，全功能接入国际互联网以来，我国正式开启了社会网络化的进程。据1997年中国互联网络信息中心（CNNIC）发布的第1次《中国互联网络发展状况统计报告》显示：截至1997年10月，我国上网用户数为62万户，上网计算机数为29.9万台。② 另据2017年CNNIC发布的第41次《中国互联网络发展状况统计报告》显示：截至2017年12月，我国网民规模达7.72亿人，普及率达到55.8%，超过全球平均水平（51.7%）4.1个百分点，超过亚洲平均水平（46.7%）9.1个百分点。③ 尤其值得关注的是，手机网民规模达7.53亿人，网民中使用手机上网人群占比97.5%。④ 由此可见，我国网民规模在20年间呈指数增长，且逐步实现移动互联化。以手机为中心的智能设备，成为"万物互联"的基础，这些数据和变化表明网络新媒介越来越紧密地嵌入人们的生活世界。在我国，一个信息化、网络化社会正在形成。

---

① 温顿·瑟夫. 与互联网之父共话互联网治理［EB/OL］. 中国互联网络信息中心.［2017-10-28］，http：//www.cnnic.net.cn/gjjl/gjyjydt/201703/t20170313_66561.htm.
② 《第1次中国互联网络发展状况统计报告》［EB/OL］（1997/10）. 中国互联网络信息中心［2018-03-09］，http：//www.cnnic.net.cn/hlwfzyj/hlwxzbg/200905/P020120709345374625930.pdf.
③ 《第41次中国互联网络发展状况统计报告》［EB/OL］（2018/03/5）. 中国互联网络信息中心［2018-03-09］，http：//www.cnnic.net.cn/hlwfzyj/hlwxzbg/.
④ 《第41次中国互联网络发展状况统计报告》［EB/OL］（2018/03/5）. 中国互联网络信息中心［2018-03-09］，http：//www.cnnic.net.cn/hlwfzyj/hlwxzbg/.

随着以互联网技术为基础的网络媒介对日常生活的渗透，即使是那些目前尚未使用网络媒介的人群，也会作为"扩散受众"卷入其中。相对于传统媒介，网络媒介具有的即时性、交互性、连接性等特征使其更容易进入人们的日常生活情境，全球越来越多的人有了一个共同的称谓——网民。回顾网络媒介发展的历史，从20世纪60年代发端，直到今不过短短半个多世纪的时间，网络新技术席卷全球，与以往影响人类社会进程的蒸汽技术、电气技术等相比，网络新技术对社会进程产生影响的速度之快、范围之广、程度之深，呈现出前所未有的特征。我们要追问的是：新的传播技术何以使得时间加速？何以使得"网络社会"迅速兴起？

温顿·瑟夫在谈到互联网设计之初的理念时说："互联网在设计之初并没有一个特定的应用领域，当鲍勃·卡恩和我在做这项设计时，我们并不知道未来人们会发明什么新技术作为通信手段。我们在1973年从事这项工作，那时我们想开发出支撑因特网自由传输的全新通信技术，同时还要确保这个架构允许人们自由发明全新的应用和协议。我要强调的是，互联网的设计本身是具有开放性的，网络操作也具有开放性。"[①] 再往前看，因特网的前身阿帕网（APPAnet）是美国为军事需要而组织研发的，1957年苏联发射了第一颗人造地球卫星，美国对苏联卫星技术潜在的军事用途高度警惕，由美国国防部组建了高级研究项目（APPA），认为有必要设计出一种分散的指挥系统——它由一个个分散的指挥点组成，当部分指挥点被摧毁后，其他点仍能正常工作，并且这些点之间，能够绕过那些已被摧毁的指挥点而继续保持联系。由上述内容可见，"开放、连接、无中心、去权威"是以互联网技术为基础的网络媒介的禀赋。

---

① 温顿·瑟夫. 与互联网之父共话互联网治理［EB/OL］. 中国互联网络信息中心［2017-10-28］, http: //www.cnnic.net.cn/gjjl/gjyjydt/201703/t20170313_66561.htm.

此后互联网主要以封包交换通信技术（Packer Switching Communication Technology）为基础，形成一个不需要指挥与控制中心就可以在所有节点相互沟通的网络系统，信息单位可以沿着网络寻找自己的路径，信息单位在网络上任何一点都可以重新组合成有意义的信息。以封包交换通信技术为基础的不断迭代更新的技术支持着网络新技术禀赋的发扬，使得设备之间无需十分紧密的联系，不同的组织和人都可以方便地参与互联网建设。可以说，网络新技术是人类技术发展史上迄今为止最能让普罗大众参与使用的最具有"创造力"的工具。更为重要的是，网络新技术实现的不仅是机器与机器的连接，而是进一步扩展为人与机器的连接、人与人的连接，从而产生巨大的生命活力，具有了生命有机体的某些特征，促成"网络社会"的迅速崛起和不断衍化。

随着"网络社会"的兴起，人类社会的传播交往方式、生存方式、生产关系、社会结构等诸多领域再一次受到颠覆性的影响，在这样的背景下，许多固有的东西发生改变，需要新的思想和推理、新的分类方法和新的观念。在社会巨变中，作为"社会关系的总和"的人先在社会变迁的洪流中感知、参与、沉浮。人们面临着新的社会环境，置身于一个充满不确定性的世界，"身份"问题在各个学科领域显现出来，面临着重新认知和解释的问题。

对于"身份"的认知，主要有本质论和建构论两种观点。对于"身份"（identity）的追问最先发端于哲学领域对"我是谁"的追问。在哲学领域内关于"身份"的观念主要有"本体观"和"建构观"两大导源。笛卡儿、莱布尼茨和乔治·拉雷恩等所建立的个人主义与历史、社会脱节的抽象的主体观是身份"本体"观念的来源。乔治·拉雷恩比较具有代表性的观点是："现代哲学的身份观建立在这样一个信念上，即认为存在一个自我或内核，像灵魂或本质一样一出生就存在，虽然最终会有不同的发展，但在人的一生中基本保持不变，由此生发出连续感和自我认知。"[①] 此后，关于

---

① 乔治·拉雷恩. 意识形态与文化身份：现代性和第三世界的在场 [M]. 戴从容，译. 上海：上海教育出版社，2005：169.

身份的讨论进一步发展，康德认为，人同时存在于现象世界和本体世界（概念系统），真正构成自我的是本体世界，自我通过遵守道德法则成为真正的自我。黑格尔为康德的主体观增加了历史因素和他者的参照，并最终归结为某种绝对精神。这些观念不同程度上承认身份的自足性，是外在于人的一种客观的存在，是属于本质主义的观点。

现代性带来的影响使社会进入流动状态，新的社会关系在不断形成又在消散，正如马克思在《共产党宣言中》所说："一切坚固的东西都烟消云散了。"在新的时代背景下，马克思提出："人的本质不是单个人所固有的抽象物，在其现实性上，它是一切社会关系的总和。"① 这表明主体是自身实践活动的结果，他既是主动的，又是被动的。马克思的观点被视为身份"建构观"的导源。随着人文、社会学科的发展，"身份"研究逐渐进入社会学、心理学、人类学、传播学等各学科的研究视野，越来越多的学者倾向于从建构主义的角度来认识身份问题。

美国心理学家米德提出"主我"和"客我"的观点，主张"自我"在主我和客我不断进行姿态对话的过程中形成。他认为由于社会背景的不同和复杂性，可能存在各种各样的"自我"，在所有的"自我"中存在一个完整的自我，完整自我的结构性反映了完整的社会过程。② 米德的观点将自我和社会联系起来，丰富了人的"身份"的内涵，也说明身份是在人与社会的交互关系中发展变动的，是被不断建构的。拉康把"身份"看作一个永远未完成的过程，永远处于建构之中。尼采认为，"主体"并非给定的，它是某种添加，是发明和投射到已有事物背后的东西。③ 这些观点的共同点

---

① 中共中央马克思恩格斯列宁斯大林著作编译局编译. 关于费尔巴哈的提纲［M］// 马克思恩格斯选集. 北京：人民出版社，1995：60.

② 乔治·H. 米德. 心灵、自我与社会［M］. 赵月瑟，译. 上海：上海译文出版社，1992：155.

③ 尼采. 权力意志：1885—1889 年遗稿［M］. 孙周兴，译. 上海：上海人民出版社，2016：269.

是，认为自我以及人对自我的认识不是固定的，而是处于变动中的。建构主义者认为，当社会运行方式从"固态"变为"液态"，资本流通从地方发展为全球的，现代生活从静止的转向流动的，个体和群体的身份就无法再固守内在的一致性，也不可能在现实真空中完成从一而终的、稳定平衡的理想认同，越来越多的差异、含混甚至扭曲、变形，会介入这个过程，而外在于自我的环境、社会、机制等一切"他者"，对主体身份的影响也会越来越强。[①]不过，这类建构主义的观点主要把人的自我认知的力量指向"他者"，认为"一个人之所以成为他自己，……是社会通过一系列的知识的教化机制和权力的惩罚机制而强制建构的。因此个人和群体的identity是强加的、分裂的、流动的、残缺的、碎片化的、开放的，人们在社会一整套机制的强制之下，有如木偶一般地被按照既定的或以社会期待的模式批量生产出来"[②]。

随着网络新技术的发展，在以"信息化、全球化、网络化"为特征的网络社会，人的身份处于新的社会环境之中，呈现出新的状态，人们也面临新的身份问题。网络社会是一个充满悖论的不确定性的世界，这个世界同时展现全球化和片段化特征，在连接一切的同时也可能带来传统的断裂。在这个世界中，个人、族群乃至人类的"身份"处于前所未有的"变动"和"漂移"之中，面临着主体身份碎片化、虚无化的新危机。在这样的状态下，人们的"身份"需求愈加强烈。需要注意的是，全球化并不是同质化，全球化带来的是一个容纳差异、多元化的，信息交流共享的大平台，这个平台是网状的，是多中心、多结点的，其中有些结点会处于比较重要的位置，个体、组织、群体等各种类型的主体都需要在这个网状的平台上找到自己的点去进行信息的交流共享。"身份"是同一性和差异性的统一，在德勒兹看来，差异意味着一种生成和变化的活力，高度同质化并不能促进信息的交流共享。如果没有自己的"身份"，就没有办法进入这个全球

---

① 赵静蓉.文化记忆与身份认同[M].北京：生活·读书·新知三联书店，2015：23.
② 张静.身份认同研究：观念·态度·理据[M].上海：上海人民出版社，2006：47.

化平台的话语体系中。正如简·梵·迪克所说:"网络社会比大众社会包容性弱,因为出身或者先天原因,你可能一开始就属于大众社会中的一部分。但在网络社会,你必须找到自己的特有位置。你必须在每个网络展示自己的价值,否则,你将被孤立,或者被网络排除在外,在网络社会,你必须坚守个体,你不会那么容易被相似的其他人所接受。"① 因此可以说,在网络社会中个体或群体对于"身份"的追寻成为刚性需求。在财富、权力和符号全球流动的世界里,个体或群体对身份的追寻,变成社会意义的基本来源,正如卡斯特所说:"这并非新的倾向,而是与人类社会开端将身份,尤其是宗教与族群身份视为意义的根源相呼应的。在这样极具不确定性的情形之下,人们愈加不是按照他们的所作所为,而是按照他们是什么,或者相信他们是什么来组织意义。"② 这表明在网络社会中,对"我是谁"的追问、对"我应该是谁"的反思和"我能成为谁"的建构可能是同时交互进行的,卡斯特的观点让我们注意到在网络社会中,作为主体的人似乎具有了更多的自我认知的可能,而不是听凭他者建构。我们要追问的是:在网络化社会中,在网络新技术被广泛使用的时代,人的自我认知和身份认同是何以可能的?

(二)网络媒介的使用与自我认知的可能

网络媒介具有突出的技术特征,相对于传统媒介而言,在技术上的变化是一种质变。网络媒介为人类社会带来的可谓一场传播的革命。什么样的变化能被称为传播的革命?在传播学领域享有世界声誉的荷兰学者简·梵·迪克(J. V. Dijk)提出:"要被称为传播革命,必须在媒介传播中出现结构上的变化或者技术发展上的质变。"③ 网络媒介突出的技术特征

---

① 简·梵·迪克. 网络社会——新媒体的社会层面[M]. 蔡静,译. 北京:清华大学出版社,2014:36.

② 曼纽尔·卡斯特. 网络社会的崛起[M]. 夏铸九,王志弘,等译. 北京:社会科学文献出版社,2001:4.

③ 简·梵·迪克. 网络社会——新媒体的社会层面[M]. 蔡静,译. 北京:清华大学出版社,2014:4.

在于它的集成、互动和数字信号。集成促进了电信传播、数据传播和大众传播的逐渐融合;互动使传播中多方共存进行即时交流成为可能;数字信号带来内容的标准化和传播内容的生产呈指数增长。更为重要的是,数字信号打破了信息的界限,文字、图像、声音和视频等不同类型的符号都可以通过转换为超链接的形式,按照使用者的需要进行保存。在这样的技术条件下,等级级别数目减少,符号的流动相对自由,使用媒介的人获得了更多的、更便捷的生产符号内容的主动性。

伴随着传播技术的质变,传播的结构也发生着变化。简·梵·迪克认为,"在传播的结构革命中时空关系会发生根本的变化"①。比如人类最初用狼烟、鼓声等传递信息,可以跨越空间把不同地点联系起来;在石壁、陶器上刻上图纹可以穿越时间把信息传给后代;文字的产生更是具有革命性的意义,尤其是印刷文字可以让人跨越时空,产生共时感,这就如肯尼迪克特所描绘的不同的人可以在同一时间不同的地方读同一份报纸,这种共时感可以促成想象的共同体的产生。英尼斯认为,每一种媒介都具有自己的时空偏向,这种时空偏向会影响到权力关系的变动,新的媒介意味着新的权力关系的重建。②网络媒介在改变时空关系上突出的特点是它可以即时性地跨越时空,在同一时间点上把不同的人连接起来进行互动交流,这促使信息和权力的流动方式扁平化、网络化,在这样的新的社会文化环境下,人们具有了更多的自我认知和建构的可能性,这在某种程度上表现出技术的"赋权"能力。

---

① 简·梵·迪克.网络社会——新媒体的社会层面[M].蔡静,译.北京:清华大学出版社,2014:4.
② 胡易容.传媒符号学:后麦克卢汉的理论转向[M].苏州:苏州大学出版社,2012:98.

网络媒介对使用者的赋权体现在，通过几乎人人可用的技术和较低的使用成本，将全球无数的个体连接在一起，在技术层面上赋予每一个接入互联网的个体平等的使用权，这些个体彼此之间可以进行超越空间限制的实时互动，也可以利用多媒体进行符号的生产与传播。与传统的大众传播媒介相比，网络新技术在某种程度上解构了媒介的控制权，使媒介的使用主体个人化，个体不仅拥有了媒介消费上的选择权，更拥有了媒介内容生产上的使用权。"（媒介的）使用者和操作者变成同一群人"，媒介符号的生产、传播与消费实现融合，"这是历史上第一次，人类的心智成为一种直接的生产力，而不仅是生产体系中的决定性元素"[①]。对于本书所关注的自我认知问题来说，网络新媒介的赋权还体现在这一媒介技术改变了人类社会传统的组织结构，深度融入了人们的日常社会交往，甚至让"整个世界成了个人日常社会生活环境的一个部分"[②]，形成了一种全新的人际互动模式。因此，无论是赋予个体媒介符号的生产与传播权力，还是变革社会互动交往中"印象管理"的模式，网络媒介"大大增加了每个使用者对自我、对自身归属和对自身身份反省的空间"[③]，使得自我身份的强化、重塑与创造处于一种更加"变动"和"漂移"的后现代状况之中。

自我认知是在社会交往语境中自我与他人合作完成的，只有与他人进行互动，才能建构自我身份。如果一个人在网络空间中从未与任何人进行任何形式的互动，自我认知也无从谈起，但这种情况在网络空间中几乎是不存在的。因为网络空间是一个符号化的空间，里面所有的符号资源都是由人创造的，我们通常把上网行为叫作"访问网站"，也就是说，一个人

---

① 曼纽尔·卡斯特.网络社会的崛起[M].夏铸九,王志弘,等译.北京：社会科学文献出版社,2001：37.

② 约斯·德·穆尔.赛博空间的奥德赛——走向虚拟本体论与人类学[M].桂林：广西师范大学出版社,2007：160.

③ 阿尔弗雷德·格罗塞.身份认同的困境[M].王鲲,译.北京：社会科学文献出版社,2010：7.

只要选择了上网，就意味着需要通过点击、浏览等行为访问其他人生产的符号，这种访问就是与他人的一种互动。而正是因为有了每一个网民的访问互动行为，才能帮助那些在网络空间中生产符号的人建构他的自我身份。宽泛一点来看，一个长期在网络空间"潜水"访问的人也是在进行符号生产，因为他的每一次访问都会留下历史"足迹"。在如今大数据的深度分析下，潜水者也有明确的"行为画像"。例如支付宝、网易云音乐等平台利用大数据分析为每个用户推出的"年终回顾"，对用户一年来的消费行为、听音乐相关的行为进行分析描绘，用户的潜在自我便"跃然纸上"了。这种无意识状态下的"足迹"符号所呈现的自我似乎更加真实，当大数据分析将一份行为画像摆在我们面前时，无疑能够帮助我们认识自我，在某一个层面上了解"我是谁"。

与"潜水"这种隐性的符号生产相比，在网络空间中主动进行符号生产的活跃个体更值得我们关注。他们在网络空间中积极与他人互动，建立个人主页、上传个人头像，利用文字、语音、图片、视频等符号形式发布个人动态、观点和作品，转发自己所认同或反对的内容，甚至利用网络直播方式构建交流互动现场。网络社会交往中主动进行符号生产的行为同样属于戈夫曼提出的角色表演与"印象管理"，个体希望通过在网络空间中的符号生产从他人处获得所期待的认可，从而实现自我认同，建构自我身份。在现实社会，我们一出生就处于一定的社会关系中，有着相对固定的角色身份，自我时常处于一种被建构的状态，要想主动建构一个理想的自我身份，需要付出较大的努力。而要重新创造一个全新的自我，代价则会更高，可能需要切断原有的社会关系远走他乡，到一个陌生的地方（空间）重新建立社会关系，建构起新的自我身份，但在互联网时代，"重新做人"则要容易得多。

网络空间是一个全球化的、虚拟的符号空间，没有地域性，只存在不同的平台和社群。当我们进入某个平台或社群时，要么以"游客"（陌生人）的身份进入，要么进行 ID（身份）注册。只要我们刻意隐匿自己的真

实社会身份,不发布自我的身体符号,在这个平台或社群里,就能创造一个全新的自我身份。有些在现实社会中相互认识的熟人,当以陌生 ID 同处于一个网络平台或社群时,彼此之间变成了陌生人。在不暴露身体符号的前提下,当我们对自己在网络空间中的自我认知不满时,还可以重新注册一个 ID,再次开启建构自我身份的旅程。因此,相较于现实社会空间,在网络空间中的自我认知拥有较多的选择自由。首先,我们可以自主决定是否在网络空间建构自我身份;其次,我们可以选择建构什么样的自我身份,例如,有人在网上只发布工作动态不呈现自己的生活,相反,有人则只发布个人生活动态不呈现工作;最后,我们可以选择自己在网上拥有的社会关系,例如选择关注谁、不关注谁,以及被谁关注、不被谁关注。通过这些自由的选择,个体可以借助网络空间强化、重塑现实社会中的既有身份,也可以创造一个新的自我身份,因而网络空间中的自我认知往往带有自我期待的理想色彩,而正是因为有了理想的驱动,我们在网络空间中的符号生产才更有动力。

我们主动在网络空间中进行符号生产,自然希望自己的产品能够得到他人的喜欢、欣赏甚至推崇。与传统社会交往中的符号互动不同,网络空间可以使个体的自我呈现和他人的态度变得更加直观、可见,"印象管理"效果甚至可以进行一定程度的量化。例如,用户在微博、QQ 空间等社交媒体中发布的动态一般都有阅读量、点赞量、转发量之类的标记,这些都是对他人态度的测量,可以说一目了然,但这种量化的符号生产和"印象管理"可能会迫使或诱导部分用户采取比较功利化的讨好策略,从而偏离理想自我,造成自我认知中的自我迷失,最终影响网络空间的社交生态。或许正是出于这种担忧,致力于构建良好社交生态的微信朋友圈并未采取量化策略。

在传统社会交往中,初次相识的陌生人想要了解彼此的身份,最便捷的途径便是通过自我或他人的话语呈现,但话语呈现的明确性和真实性都难以保障,因而陌生人之间如果想要建立起互相信任的稳固交往关系需要较长时间的接触了解。而在网络时代的社会交往中，陌生人之间可以通过浏览彼此主页或搜索对方在网络空间的符号生产状况来快速了解对方身份，一旦确认了对方身份，便能够更快速地构建起信任关系。因此，与大数据分析呈现"潜水者"身份一样，网络空间的符号生产持续时间越长，内容越丰富，自我身份的呈现也就越真实、明确。在网络社交发展的早期阶段，人们热衷于以匿名的身份参与网络交往，经常更换社交媒体账号，这些情况到现在已经较为少见了。因为随着互联网普及率的提高，越来越多的人进入网络空间，慢慢将现实社会中的社交关系移植到网络平台，同时，个体长时间在网络上积累的符号生产有助于与现实社会中的身份形成影射与互补，这在一定程度上能够增强社交信任，为个体带来"社交红利"。

以网络新技术为基础形成的虚拟的符号空间，我们身体无法进入其中，只能借助文字、音频、图像等符号进行交流。在互联网商用的早期阶段，网络传输速率较低，图像的数字化处理技术尚未成熟，网络空间的交流主要以文字和简单的表情符号为主，这使得参与网络空间交流的主体的身份具有很强的隐匿性，因而出现了较多网民虚构自我身份的情况。"在互联网上，没人知道你是一条狗"——1993年《纽约客》刊登的著名漫画即是对这一现象的讽刺。然而也有人意识到网络虚拟空间"似乎能够把我们从'肉体的牢狱'中解放出来"，"把人们从由身体所决定的性别和种族身份中解放出来"①，从而使人们摆脱长久以来围绕身体差异而形成的社会不平等。然而不管是好是坏，身体在网络空间的缺席只是阶段性的状况，互联网的比特世界的确不能容纳由原子构成的身体，但却可以容纳由比特构成的身体符号。

---

① 约斯·德·穆尔. 赛博空间的奥德赛——走向虚拟本体论与人类学[M]. 桂林：广西师范大学出版社，2007：164.

随着互联网传输速率的不断提升和音像、数字影像技术的发展普及，不仅是文字，能够真实呈现身体的声音、影像符号开始在网络空间大量传播，身体以比特形式进驻网络虚拟世界。如果说用文字符号来生产话语还有一定的门槛，并非人人可为，那么用数字影像或音像来生产身体符号呈现日常生活中的自我，便是人人都会的基本技能。随着智能手机的出现、普及与迭代，各类模版化美颜App的涌现，以及网络视频传输与直播技术的成熟，数字影像和音像的生产、传播几乎变成了零门槛，很多不擅用文字呈现自我的个体纷纷加入影像符号生产大军，网络空间的符号生产力被大量释放，越来越多的普通人借助影像符号的生产呈现自我、建构身份，实现网络空间中的自我认知。

互联网在技术上赋予了每个人使用网络进行符号生产、传播的能力，同时智能手机、数码影像技术和高速网络赋予了普通人符号生产、传播的便利，我们也拥有了在网络空间建构自我身份的选择自由，但是有了这些权力、便利和自由之后，是否每个人都能借助符号生产建构出理想的自我身份呢？答案是否定的。身份的建构需要自我和他人共同完成，在网络空间中，如果一味进行迎合讨好式的符号生产，则会失去理想自我。相反，如果符号生产的质量较低，不被人喜欢，又很难引发他人的互动。当一个人生产的符号产品没有消费者，就像表演没有观众一样，建立在符号互动基础之上的自我认知也无从谈起。如何找到一个恰当的切入点，将自我的期待、他人的期待较好地融入符号生产之中，这既是一个智慧、才能问题，也是一个方法、技巧问题。因此，在网络空间中借助符号生产建构自我身份，门槛虽然很低，空间虽然宽阔，选择虽然自由，但也并非人人都能获得成功。相较于现实社会空间而言，网络空间的确给予了很多人强化、重塑、创造自我身份的可能，很多现实生活中的普通人也借此获得了成功，这是互联网革命在自我认知层面的充分体现。

随着网络媒介的使用与现实社会的深度融合，借助网络空间的符号生产强化或重塑既有身份、创造新身份的情况越来越多，越来越便利，网络空间建构起来的身份也越来越真实、多元，与现实社会身份的叠加、交织成为常态。在网络媒介的影响下，自我认知获得了更多变动的条件和可能性。本书研究的网络媒介的使用与塔吉克人自我认知的问题正是在网络媒介提供的这种可能性下展开。这种可能性从理论上来讲是成立的，本书要着力探讨的是，网络媒介带来的可能性是如何转化为塔吉克人的自我认知行为的，这个过程中有哪些因素在发生作用，最关键的因素是什么。

二、塔吉克人的日常生活环境及网络媒介使用概况

任何一种新事物进入某个区域、某个人群的日常生活，都是一个和当地地理、自然、社会文化特征构成的日常生活环境相互磨合、互相形塑的过程。正如科佩托夫（Igor Kopytoff）所指出的：

一辆汽车在非洲的故事能够得出大量的文化数据：人们如何得到这辆汽车、车又是如何使用的，大多数乘客的身份和借用者的身份，借用的频率，到哪个修理厂修理，车主和机器的关系，车在多年使用中的数次易手，最后，当车完全不能用的时候，又是怎么处置它的零件的。所有这些细节描绘出的汽车的故事，与一辆由美国中产阶级、纳瓦霍人或法国农民使用的汽车的故事，完全不同。①

---

① Igor Kopytoff. The Cultural Biography of Things: Commoditization as Process [J]. In: Appadurai, Arjun (ed.) The Social Life of Things: Commodities in a Cultural Perspective. Cambridge: Camibridge University Press, 1986: 64.

网络媒介用户群使用研究

和科佩托夫描述的汽车一样,"不同国家、不同的地方和人群对媒介的使用是有差异的"[①]。这种差异往往来自媒介进入的日常生活环境的不同,我们在考察和分析网络媒介如何进入塔吉克人的家庭和社会,在塔吉克人的日常生活中如何被使用时,首先需要理解和把握的是塔吉克人的日常生活环境的特征。

(一)塔吉克人日常生活环境的特征

中国境内的塔吉克人主要生活在帕米尔高原东部的塔什库尔干县,在行政区划上隶属于新疆维吾尔自治区喀什地区。根据《新疆年鉴2018》统计,新疆塔吉克族人口为40842人,其中塔吉克人口33575人,占全县人口的82.21%。[②] 帕米尔高原塔什库尔干县的塔吉克族是定居在新疆的十三个主要民族之一,关于他们在这片土地上有迹可循的历史最早可在《史记》《汉书》《后汉书》等史籍中找到。

1. 地理环境

帕米尔高原是地球上两条巨大山带——阿尔卑斯—喜马拉雅山脉带和帕米尔—楚科奇山脉带的山结,也是亚洲大陆南部和中部地区的喜马拉雅山、昆仑山、天山和兴都库什山五大山脉的汇集之地。塔吉克人生活的塔什库尔干县属帕米尔高原东部地区,处于昆仑山山脉西部,塔里木盆地西缘,孤悬于中国最西端,是中国与阿富汗、巴基斯坦、塔吉克斯坦三国接壤的区域。该县总面积约25000平方千米,平均每平方千米不到3人。县城距首都北京约5000千米,距新疆维吾尔自治区首府乌鲁木齐1775千米,距喀什市294千米;距巴基斯坦首都伊斯兰堡、塔吉克斯坦首都杜尚别、阿富汗首都喀布尔均在1000千米左右。塔什库尔干县是我国唯一的一县临

[①] 尼克·库尔德利. 媒介、社会与世界:社会理论与数字媒介实践[M]. 何道宽,译. 上海:复旦大学出版社,2015:48.

[②] 新疆维吾尔自治区地方志编纂委员会. 新疆年鉴2018[M]. 乌鲁木齐:新疆年鉴社,2019:14.

三国的边境县，边境线长达 888.5 千米，具有重要的战略地位。塔什库尔干地区是古代"丝绸之路"的咽喉，自古以来就是东西方经济、文化交流的重要通道，唐代以后随着"海上丝绸之路"的兴起，这条通道才逐渐沉寂下来。历史上东西方著名的探险家、文化名人法显、惠生、宋云、玄奘、马可·波罗、斯坦因、斯文赫定、伯希和、杨哈斯班等都曾亲历此地，留下足迹和相关文献记载。

古代塔什库尔干地区也是商品交流的理想场所，英国探险家斯坦因在其著述中写道："塔什库尔干是色勒库尔山区的首府，无疑是相当古老的地方。其重要性可以追溯到从古典西方来的商人们在此用他们的货物交换古代中国产品的那些日子。"① 目前，塔什库尔干地区仍然是中国面向世界的一个窗口，处于中国"一带一路"顶层设计的必经之路上，是新疆东联西出、西进东销的主要国际通道。中国—巴基斯坦友谊公路贯通塔什库尔干县东部，翻越红其拉甫达坂通向西亚、欧洲和地中海沿岸的阿拉伯国家。一方面山高路远，道路险峻，另一方面由于其特殊的地理位置又是自古以来以中华文明为主体的多种文明的交流交会之地，从而造就了塔吉克人日常生活的特殊的地理环境。

2. 自然环境

塔什库尔干地区平均海拔在 4000 米以上，县城海拔 3240 米，属于高寒山区。由于冬春季节由大西洋过来的湿润气候被帕米尔高原阻挡，夏季由印度洋而来的季风被喀喇昆仑山阻挡，形成了高原山区温寒干旱的气候。气候特点为四季不分明，春去秋至，冬长无夏。氧气稀薄，光照充沛，紫外线强而热量不足，降水稀少，空气干燥，昼夜温差大，年平均气温 3℃。塔什库尔干地区面临的主要自然灾害有干旱、霜冻、风暴、雪灾。

---

① 斯坦因. 沙埋和阗废墟记［M］. 殷晴，等译. 乌鲁木齐：新疆美术摄影出版社，1994：54.

帕米尔,古称帕米勒尼耶,帕米为古波斯语,有平屋顶之意,勒尼耶意为世界,后转称为帕米尔。帕米尔高原从整体来看状如大地上的一个大屋顶,在这个大屋顶中又有山脉隆起,山与山之间皆有水流和平地,整个帕米尔高原上大致有八块面积较大的平地,各有其名,总体被称为八帕。据相关文献记载,出葱岭之塔什库尔干,自近者始,曰塔格敦巴什帕米尔,居全帕东南。① 塔什库尔干境内水资源丰富,发源于世界第二高峰——乔戈里峰的泽拉普香河,从塔什库尔干县的东部纵向穿过,进入阿克陶县,与从西流入的塔什库尔干河汇合,继续向东奔流,最后注入著名的塔里木河。帕米尔高原整体自然环境严酷,八帕相对来说属于山间谷地,有水流和绿洲,属于帕米尔高原上有生命存在的区域,但对于人类生存来说仍然是近乎生命禁区的自然环境。玄奘东归时曾取道塔什库尔干地区,他在《大唐西域记》中对这片土地这样描述:"冬夏积雪,风寒飘动,畴垄舄卤,稼穑不滋,既无林树,唯有细草。"② 由于热量资源不足,无霜期短,农业种植能力有限,全县现有耕地6.34万亩,以种植青稞、豌豆为主。特殊的自然环境比较适宜畜牧业的发展,全县现有可利用的天然草场625.7万亩,主要畜牧绵羊、牦牛、骆驼等。因此,塔吉克人自古以来在这片土地上过着以畜牧为主、农耕为副的生活,虽然此地为古代东西方商品流通交换之地,生活在此地的塔吉克人却没有经商的传统。

3. 社会文化环境

塔吉克人生活地区独特的地理环境和自然环境促成了其独具特色的社会文化环境。塔吉克人在漫长的发展过程中形成了具有自身特点的完整稳定的社会文化系统,这个社会文化系统具有以下几点鲜明的特征:

其一,以家长制大家庭为主的互助型传统社会组织形式。由于自然环境的严酷,塔吉克人需要依靠大家庭维持家庭人口、收入的稳定,需要德

---

① 许景澄.帕米尔图说·帕米尔图叙例[M]//中国塔吉克史料汇编.乌鲁木齐:新疆大学出版社,2003:80-81.

② 玄奘.大唐西域记(卷第十二)[M].桂林:广西师范大学出版社,2007:135.

高望重的长辈传授生活、生产经验,组织家庭生产和生活,积累家庭财富,因此,家长制大家庭是传统塔吉克社会的组成细胞。一般男性长者为一家之主,家庭成员的生产活动和生活活动都由家长做主安排。由于分家不利于家庭财富的积累,可能削弱家庭在严酷自然环境中的生存能力,父母在世儿子分家单过会受到社会舆论谴责。家长制承袭的方式是父死母继,母死长子继。大家庭一般包含几个小家庭,小家庭具有承担专项劳动的义务,但不具备支配劳动成果的权利。小家庭相互协作生产、生活,以维持大家庭的稳定性。

其二,女性社会化程度较低,社会身份比较单一。在塔吉克传统社会,妇女地位低于男子,尤其是在家庭生活中,男性长者具有绝对的权力,如财产继承、婚姻等大的方面主要由男性长者做主。另外,从塔吉克人的丧葬习俗也可以看出妇女地位低于男性:"塔吉克人的墓穴为长方形垂直穴,用石头砌成很平整,穴深男子齐腰,女子齐肩,因为女子在阳世地位就比男子低,在阴世亦当如此。"[①]但在日常生活中,塔吉克人有尊重妇女的社会风尚。年长的女性在节庆走访、参加婚礼和葬礼等场合受到特别的尊重。塔吉克人的类似于清真寺的"加玛艾提哈那"中专门设有女信徒的礼拜室,反映了塔吉克人的社会文化中有着尊重妇女的传统。这两种现象并不矛盾,地位低是受社会结构中家长制的影响,在社会活动中受尊重体现的是社会伦理的道德风尚。在很长一段时间里,由于封建制度和宗教教规的限制,塔吉克女性的地位很低下,社会普遍认为妇女的本分就是做家务,禁止参加任何社会活动。随着现代社会的发展,塔吉克女性受教育的机会增加,女性开始逐渐走入社会,一些妇女走出家门,到县乡当老师、当妇女干部,也出现了女性作家、演奏家、舞蹈家等。但从现代塔吉克人社会来看塔吉克妇女的社会化程度还是较低。新疆大学学者刘明在对塔吉克女性社会化现状进行全面考察后得出结论:"虽然塔吉克女性中也有社会化程度较高

---

① 西仁·库尔班,马达力汗·包伦,段石羽.中国塔吉克[M].乌鲁木齐:新疆大学出版社,2012:178.

的,但塔吉克女性群体还没有一个整体上的进步和飞跃。"①

其三,具有明显的建立在亲属关系上的熟人社会特征,极其重视人际交往。费孝通在《乡土中国 生育制度》中提出"熟人社会"的概念,所谓"熟人社会"是以亲属关系和地缘关系为基础,围绕个人而展开的一种社会关系形态。费孝通形象地描述这种关系是"以己为中心,像石子一般投入水中,和别人所联系成的社会关系"②。塔吉克人社会具有明显的以血缘、地缘为基础的熟人社会的特征。由于山高路远、道路险峻,在很长的一段时间内,塔吉克人与外界联系并不方便,他们很少能到塔什库尔干地区以外的地方去,随着时代的发展,一些年轻人到外地求学、工作,但大部分人尤其是年长者仍常年生活在塔什库尔干地区,不少人一辈子没到过塔什库尔干以外的地方。在相对封闭的地理环境和严酷的自然环境下,人与人之间的守望相助成为生存最为强有力的支撑和保证。塔吉克人非常重视人际交往,讲究迎来送往、问候的礼节。一般亲戚朋友见面从进门到入座短短的时间内除了根据性别、年龄区分的见面礼、吻手礼,还要问候到没到场亲人的近况。据当地塔吉克人称,塔什库尔干县60%以上的人与人之间存在亲戚关系,塔吉克人内群体间的信任度很高,对外群体成员热情友好,但在心理层面保持一定的警戒和距离。

其四,以畜牧为主、农耕为副的经济生活。帕米尔高原的塔吉克人属于高山塔吉克,他们中大部分人长期畜牧,以放牧牦牛、羊、骆驼为主。农业历史十分悠久,传统的农业以种植青稞为主。帕米尔高原塔什库尔干县的塔吉克人几乎没有经历工业化阶段,塔什库尔干地区曾因外地人到当地承包土地种植经济作物玛卡而出现第一家玛卡加工厂,由于外来玛卡造成的市场冲击,这家玛卡加工厂已倒闭。目前当地只有两家矿泉水厂,产品取自当地的天然高山矿泉,制作工艺十分简单,冬季不生产。当地塔吉克人大多不适应工厂的生活,往往因欠债或家庭生活的需要进厂工作,一

---

① 刘明.迁徙与适应:帕米尔高原塔吉克族民族志[M].北京:社会科学文献出版社,2014:208.

② 费孝通.乡土中国 生育制度[M].北京:北京大学出版社,1998:30.

段时间经济压力缓解后即离开工厂。在塔吉克人日常生活中的饮食、服饰、居住等习俗以及文化心理中处处可见以畜牧为主、农耕为副的经济生活的影响。

其五，社会文化诸多层面具有以中华文化为主体、多元跨界融合的特征。帕米尔高原塔吉克人社会文化是一种以中华文化为主体的受多种文化影响的，具有跨界特征的文化，主要体现在塔吉克人的节庆民俗、思想意识和语言上。古代的拜火教、摩尼教、佛教、伊斯兰教的伊斯玛仪派先后传入这一地区，形成了复杂的思想意识形态。帕米尔高原塔什库尔干县塔吉克人的语言主要使用口语，没有文字，印欧语系的塞语、粟特语、吐火罗语、梵语，阿尔泰语系的古突厥语、蒙古语、柯尔克孜语，汉藏语系的羌语、吐蕃语、汉语以及闪－含语系的阿拉伯语都在这一地区传播并在塔吉克人的口语中留下痕迹。随着现代社会和现代技术的发展，英语中的一些与现代先进技术相关的词汇如"computer"（电脑）、"telephone"（手机）等也作为借词出现在塔吉克人的口语中，发音与英语发音相似，国家推行双语和通用语言教育后，塔吉克青年及中年在日常生活中主要使用汉语，年纪大的使用塔吉克色勒库尔口语较多。

总体来看，塔吉克人生活的地理环境具有既开放又封闭的特征，开放是因为一县邻三国，处于古代"丝绸之路"和当代"一带一路"的交通要道上，封闭是由于山高路远，所经之地自然环境十分严酷。独特的地理环境和自然环境对塔吉克人社会文化的形成产生了极大影响，使塔吉克人的社会文化呈现出具有地域性和族群性的特征，主要体现为：以家长制大家庭为主的、互助型的传统社会组织形式；极其重视人际交往的亲属型社会；以畜牧为主、农耕为副的经济生活；民俗、宗教、思想意识、语言等诸多层面以中华文化为主体、多元跨界融合。塔吉克人所处的地理环境、自然环境和社会文化环境是构成塔吉克人日常生活环境的主要元素。网络媒介进入塔吉克人的日常生活环境就是进入一种文化、一种产生意义和权力的社会系统。海德格尔提出"先结构"，认为人们接受任何事物总是以先有、先见、先把握的东西为基础，先结构标志着人所特有的存在方式。对于塔吉克人来说，这种"先结构"是在长期特定的生活环境中形成的社会法则和文化属性。当网络媒介进入塔吉克人的日常生活时，他们会依据这种"先结构"对这个新事物进行审视、选择、挪用、改造，将其纳入自己的社会文化系统、时间空间系统以及美学功能系统。塔吉克人的日常生活环境既是生活空间也是社会、经济、文化空间，自我在这个空间中形成。塔吉克人对网络媒介的使用是带有自身文化属性的创造性的使用，这个过程也是发现自我更多可能性的过程，在这个过程中人和新的媒介产生交互影响，彼此形构。

（二）网络媒介进入塔吉克人的日常生活

在上一部分我们主要从与塔吉克人日常生活环境的独特性最为相关的地理环境、自然环境和社会文化环境三个层面阐述了塔吉克人生活环境的特征。分析了特殊的地理环境、严酷的自然环境与塔吉克人独特的社会文化环境之间的联系。塔吉克人生活的环境既具有开放性又具有封闭性（前面已有论述，不再赘述），投射到他们的文化心理上：一方面开放包容易接受新事物，另一方面具有对传统事物的执念。塔吉克人面临的地缘政治具有复杂性，生活在帕米尔高原上的塔吉克先民自古以来就与中原地区有着密切的联系，唐朝在塔什库尔干地区设立了属于安西都护府管辖的"葱岭守捉"，由于地处边境地区，这块区域又时常受到周边国家的滋扰，历史上也曾出现英、俄等国势力对塔吉克人"公民身份"的争夺现象，因此，塔吉克人也习惯性地对陌生事物保持着一种审视和戒备的心理。网络媒介作为一种新事物进入塔吉克人的日常生活也是一个与当地社会文化环境和族群文化心理磨合反适应的过程。新疆互联网网络建设起步于1993年。1996年底新疆邮电管理局完成了覆盖全疆除伊吾、且末、若羌、塔什库尔干县以外所有县及以上城市及部分乡镇的局域网建设，1998年塔什库尔干县城区单位可接入互联网，是年年底，新疆互联网业务的用户数为1401

户，1999年底，新疆互联网用户数达到17500户，是1998年的12.5倍，2002年5月，新疆电信公司为推动"家庭上网"，推出"经济型""实用型"和"特惠型"三种适应不同消费层次用户的优惠活动，自此网络媒介逐渐进入新疆各族人民的日常生活。

1998年塔什库尔干县城区单位可接入互联网，有学者在2002年对新疆少数民族网络受众进行过调查，调查结果显示，"2002年，塔吉克族是新疆家庭拥有电脑率较低的三个民族之一，塔吉克族因为居住在帕米尔高原不仅拥有电脑率低，对网络技术的掌握也很困难，被调查的塔吉克族（人）中98.21%不会使用电脑，用电脑查阅资料、收发邮件、浏览电子杂志书籍的比率为零"[①]。从笔者的调查来看，从1998年到2018年塔什库尔干县网络发展的20年间，2008年是个分水岭，在2008年之前网络用户主要是县城或一些乡镇的单位，自2008年开始塔什库尔干县城区民用互联网网络发展迅速，家庭和个人可以用宽带上网。网络开始逐渐走进人们的生活。2008年，县城安装了电信宽带的用户3000—4000户，用户主体年龄多在50岁以下，18岁以上。但县城周边的乡镇，只有政府机构有网络，没有民用网络。目前，塔什库尔干县有移动、电信、联通三家网络运营商。截至2017年6月，上网人数近3万人，其中，手机上网占比60%以上，塔吉克族网民占比70%以上，30岁以下年轻网民占比80%以上。[②] 网民主要分布于县城、乡镇及厂矿企业，移动网络主要是2G和3G网络，乡级、村级个人光纤入户暂未实施。总体来看，自从家庭和个人可以用宽带上网后，塔吉克人对网络媒介的接受态度比较积极，由对网络媒介载体（台式电脑、手机、笔记本电脑、平板电脑）和技术的接受逐渐过渡到主动的创造性使用。

---

① 张文锋.新疆少数民族网络受众调查分析［J］.新疆大学学报（哲学社会科学版），2005：95.

② 资料来源：由塔什库尔干县移动、电信、联通三家通信运营商提供。

网络媒介用户群使用研究

随着塔什库尔干县网络基础设施的建设和发展，网络媒介在塔吉克人日常生活的空间和时间分配中占据着越来越重要的位置。笔者运用随机抽样和配额抽样①相结合的方法对塔什库尔干县网民进行调查。根据收到的587份有效问卷，获得塔吉克人在日常生活中使用网络媒介的基本情况：

上网频率：46%的人每天会上网，三天左右上一次网的占26.41%，一个星期上一次网的占20.978%。

一次上网时间：40.37%的人一次上网时间为1—3小时，占比最多；12.78%的人上网时间不固定，一有时间就上；23.34%的人一次上网时间为4—6小时。

手机里安装的软件排在前三位的依次是：微信、QQ和手机淘宝。拥有的上网工具排在前三位的依次是：手机、笔记本电脑和台式电脑。

上网主要做的事情排在前三位的依次是：在网上购物、浏览新闻资讯和搜索所需信息。

将以上塔吉克人网络媒介使用基本数据与同期CNNIC发布的第40次《中国互联网络发展状况统计报告》数据相比较：截至2017年6月底，在上网时长方面塔什库尔干县塔吉克人平均周上网时长低于中国网民平均周上网时长；在使用的上网工具方面，塔吉克人使用的上网工具排在第一的与国内网民一样是手机。塔什库尔干县塔吉克网民利用手机上网的占69.33%，国内网民利用手机上网的占96.3%。区别较大的是国内网民中有26.7%通过电视上网，塔什库尔干地区目前还不能通过电视上网。在互联网应用方面，国内网民使用互联网应用排在前三位的分别是即时通信、搜索引擎和网络新闻，塔吉克网民上网主要做的事情排在前三位的是在网上购物、浏览新闻资讯和搜索所需信息。从塔吉克人对网络媒介的基本使用情况可见，从总体来看塔吉克人使用网络媒介比全国平均水平略滞

---

① 配额抽样主要是补充随机抽样中的年龄和性别结构不平衡的现象。

后,但网络媒介在塔吉克人生活中的使用已较为普遍。根据我们的调查,目前塔什库尔干县乡村地区以手机上网为主,由于网络媒介在塔吉克人生活中的逐渐介入,即使不上网的塔吉克人也受到网络媒介的辐射影响,成为阿伯克龙比(Abercrombie)和朗斯特(Longhurst)所认为的"扩散受众"。他们认为:"无所不在的媒介,不断发展的媒介使用技巧,以及媒介成为日常生活的资源,都是构成扩散受众的至关重要的因素。生活在社会之中的人们无法避免媒介影像的碰触,因而在当代社会人人都直接或间接地成为受众。"[1]根据调查所获得的塔吉克人使用互联网的普及情况和使用现状,结合"扩散受众"理论,本书认为网络媒介在塔吉克人日常生活中的使用已具有普遍性,可以说网络媒介已经逐渐进入塔吉克人的日常生活空间,成为塔吉克人社会中的一名新成员,与塔吉克人在生活中产生互动。因此,网络媒介的使用与塔吉克人自我认知的问题可以作为在塔吉克人社会中具有普遍性的问题来进行讨论。

本章小结

本章从网络社会兴起的时代背景出发,回顾了以互联网技术为基础的网络技术的产生和发展历程,认为"开放、连接、无中心、去权威"是以互联网技术为基础的网络媒介的禀赋。随着现代化的进程和网络社会的兴起,信息化、网络化、全球化成为新的时代特征,同时带给人类社会更多的流变性和不确定性,在这样的背景下,人的身份问题愈加凸显,在传统社会处于给定、固化状态的身份面临着解构与重构,在不同的学科领域,人们对身份问题的认知也从"原生论"逐渐过渡到"建构论"。随着网络技术的更新迭代,网络媒介的禀赋得以加强,同时赋予媒介使用者更多、

---

[1] 李岚,罗艳,莫桦.电视评估全攻略——理论、模型与实证[M].北京:中国广播电视出版社,2015:13.

更便捷的生产符号和内容的主动性，为网络媒介的使用者进行自我认知提供了可能。本章在对网络媒介为媒介使用者提供的自我认知的可能性进行理论论述的基础上，将视野转向本书研究对象——帕米尔高原塔什库尔干县塔吉克人的网络媒介使用实践，将塔吉克人网络媒介的基本使用情况放置到网络社会兴起的时代大背景下，结合塔吉克人所处的特殊的地理环境、社会环境和社会文化环境，勾勒出网络媒介进入塔吉克人社会的使用概况，为全文的展开提供了必要的理论基础，展现了一个从理论到实践的研究视野。

第三章
作为物的使用：物、意义与人的互动

　　罗杰·西尔弗斯通（Roger Silverstone）在分析电视进入家庭与人们的日常生活发生联系时关注到电视作为一种物的影响，他论述道："新技术（或要求创新的技术）很可能因为其实物的地位而被某些人购买（或者，展示这种地位对其有重要意义的人也会购买）。其他人购买它们则是因为功能，或者因为它们凭借特殊中介所能提供的东西。"[①]英尼斯、麦克卢汉等提出对媒介形式的关注，而不仅是关注媒介传播的内容。比较具有代表性的观点是："传播媒介不是中性的、透明的和无价值标准的渠道，只管把数据或信息从一个地方传送到另一个地方。媒介固有的物质结构和符号形式发挥着规定性的作用"[②]，"一种媒介的符号形式产生它编码的特征，而媒介则用这样的编码来表达信息。媒介的物质结构指的是承载编码的技术所具有的特征，它又指编码、传输、储存、检索、解码和流通信息的物质设备"[③]。也就是说，媒介至少在三个层次上产生影响，一是体现编码特征的符号形式，二是媒介技术，三是承载传播符号和技术的物质设备。前人对媒介物质形态的关注，为本书的研究带来启发。笔者在田野调查中注

---

① 罗杰·西尔弗斯通.电视与日常生活［M］.陶庆梅，译.南京：江苏人民出版社，2004：184.
② 林文刚.媒介环境学：思想沿革与多维视野［M］.何道宽，译.北京：北京大学出版社，2007：30.
③ 林文刚.媒介环境学：思想沿革与多维视野［M］.何道宽，译.北京：北京大学出版社，2007：30.

意到：网络媒介形式多样的物质形态在塔吉克人的生活中发挥着独特的功能，它们不仅是物件，还被作为家具、礼物等使用。正如鲍德里亚所认为的，"商品消费的象征符号表达不仅是某种流行样式风格，还是名牌、声望和权力。人们在消费商品时已不仅是在消费物品本身，还在消费物品所代表的社会身份、符号价值，如富贵、浪漫、时髦、前卫、归属感等象征价值"①。网络媒介在塔吉克人中作为物的使用亦具有符号象征价值，改变着传统的社会文化环境，也引起社会关系的变化，进而对社会关系中的人的自我意识和身份认知产生影响。因此，本章主要关注的是网络媒介的物质形态在塔吉克人日常生活中的使用及其对使用者自我认知的影响。

从本章开始，在论述中将以个案的方式呈现较多的在田野调查中获得的经验性材料，这些材料主要来自田野调查中的观察和深度访谈。直接引用研究对象的说话内容和谈话内容，在文字字体上做了处理，以区别于其他内容。在使用田野调查材料时，除了必要的概括，尽量保持说话者语言的原貌，本书严格遵守学术伦理，出于对受访者隐私的保护，文中必须出现的人名均用受访者姓名拼音首字母的大写字母代替。使用的所有经验性材料均有原始田野笔记可供核对。

一、家具：使用与意义的产生

西尔弗斯通在谈到早期电视进入家庭时的情形时说："技术不是赤裸裸地来到的，它不是中立的。它也绝不是简简单单、直截了当到来的。……它是偷偷摸摸地来到的，并且随身携带许多大包裹，包裹里有大把实物和符号编织成的绳索，它用这些绳索把那些在社会关系与文化意义中使用它的人锁住。这些实物和符号，有时因不那么受人欢迎而有着伪装，有时又

---

① 让·鲍德里亚.消费社会[M].刘成富，全志钢，译.南京：南京大学出版社，2008：41.

因很受人欢迎而光明正大。"[①]笔者在田野调查中发现，网络媒介进入塔吉克人家庭时，最先被接纳、购买的原因很大程度上不是它的技术功能，而是网络媒介的物质形态的象征功能，自网络媒介进入塔吉克人家庭，一直以来都存在把网络媒介的物质形态作为一种具有象征功能的家具来使用的现象。

（一）台式电脑在家庭中的出现与使用

台式电脑是最早进入塔什库尔干县塔吉克人家庭的网络媒介物质设备。1998年，塔什库尔干县开始接通网络，但只有县城的单位可以上网。家庭和个人购买台式电脑的几乎没有。2008年塔什库尔干县家庭和个人可以安装电信宽带。在2006年前后出现了第一批家庭和个人购买台式电脑的热潮。

[**个案 3-1**] BHML（男，42岁，在塔什库尔干县某事业单位工作）：我是在2006年前后买的电脑，是台式的组装机，那时候塔县有少数人家里买了电脑，我也是属于塔县最早买电脑的一批人之一。刚开始在家里不能上网，我和妻子都在单位工作，在工作中用电脑比较多，家庭能上网后，我们就接了宽带上网。

2008年前后，更多的个人和家庭购买台式电脑，有的家庭萌生了购买品牌机的意识。

[**个案 3-2**] DLK（男，49岁，在县城某文化事业单位工作）：我家第一台电脑是2007年买的组装机，2008年买了联想电脑，主要是我用来做图片编辑工作。

---

① 罗杰·西尔弗斯通.电视与日常生活[M].陶庆梅，译.南京：江苏人民出版社，2004：116.

到 2017 年，县城方圆三十千米的区域都可以接入宽带也可以安装 Wi-Fi，我们同期回收的 587 份有效调查问卷显示，有 38.67% 的人拥有台式电脑。拥有两台电脑的家庭一般第一台电脑是组装机，第二台电脑是品牌机，品牌机以联想电脑为主，也有少量戴尔、惠普等其他品牌的台式机。

一个有意思的现象是，在塔什库尔干县城，一些比较富裕的家庭在家庭宽带还不能接入之前就购买了台式电脑。一个社区里哪些家有电脑，社区里的人都了如指掌。在距县城 30 千米以外的乡镇，目前仍有不少区域家庭不能用宽带上网，但也有一些家庭购买了台式电脑，有的乡镇的家庭有两台电脑，这些家庭一般是有人在县城或乡镇的单位里工作。

2014 年，笔者在距离县城约 50 千米的达布达尔乡一户人家中见到两台电脑，这家的男主人是乡镇干部，大女儿 KKNE 也在县城的单位工作。

[个案 3-3] KKNE（女，25 岁）：我家第一台电脑是 2008 年买的，那时县城可以上网了，结果我们这里上不了。2012 年我们又买了一台联想电脑，还是不能上网。不过电脑里有游戏，不上网也可以打的那种，我弟弟有时候玩，我有时候打点字，工作总结什么的。

随着宽带入户，塔什库尔干县购买台式电脑家庭和个人的数量不断增加，更换品牌机的人也越来越多，但使用率并不高，部分原因是更多的人使用手机上网。

[个案 3-4] JPE（男，36 岁，在塔什库尔干县某通信公司工作）：在塔县，家庭拉宽带上网的主要有几类人：做生意的，在政府或事业单位上班的，大学毕业后回家准备工作的，要考大学需要网上报名的。不少家庭网络主要是在外上学的孩子使用，只有孩子放假在家才使用，其他时间都停用。

2017年，笔者在田野调查中发现家庭购买电脑而不上网的现象仍然存在，例如，在一个有48名学生（全部为家住县城的学生）的二年级班级中，家里有电脑能上网的有7名，还有3名学生家里有电脑但不能上网。值得注意的是，不能上网的电脑在塔吉克人的生活中并没有多少实用性，一般使用的是电脑里自带的游戏功能和文档处理功能。有的家庭甚至完全不使用台式电脑的实用功能，只是作为一种家庭的摆设放在那里。所以，更多的时候，台式电脑（尤其是不能上网的台式电脑）在塔吉克人家庭中充当着一种相对价格比较昂贵的、具有现代感的家具的角色。

塔吉克人为什么要购买不能上网或不用于上网的电脑？这种没有多少实用价值的对于新技术物质设备的消费并不是塔吉克人独有的现象，但对于不同的群体可能会有相似而又不同的解释。人类学家斯蒂拉特（Stirratt）曾描述了斯里兰卡的某个以渔业为主的小村落购买不能收看电视节目的电视机的情形。他发现冰的使用为当地的渔民带来了新的财富，这意味着他们的鱼可以运到内地的市场中去卖。尽管在斯蒂拉特看来，小村落的渔民们仍然缺乏不少日常生活必需品，但许多富裕起来的渔民把他们新增的财富用来购买电视、为房子修车库。斯蒂拉特对这种现象的解释是，他们是在模仿中产阶级的价值观进行消费。对于生活在帕米尔高原上的塔吉克人而言，他们从传统社会过渡到信息社会，几乎没有经历过工业化的阶段，在网络媒介进入塔吉克社会之前，他们生活的环境相对封闭，具有明显的以地缘、血缘关系为基础的熟人社会的特征，社会分层不明显，塔吉克人也没有明确的阶层概念和阶层意识，但有社会地位和社会身份的意识。塔吉克人家庭购买台式电脑是一种证明自己生活水平、社会身份和审美品位的消费。家庭中的电脑是一种类似于高档家具的象征符号，当他们把台式电脑作为家具来使用时，使用的不是电脑的实用功能，而是它的符号象征意义，象征的是他们与现代世界的连接和自己在经济和社会地位上取得的成就。

网络媒介用户群使用研究

（二）作为家具的电脑在家庭中的空间位置与意义

每个人都从自己独特的位置来体验世界，所以主体性的空间符号相当清楚。埃里克·迈克尔斯（Eric Michaels）指出，"人们知识的获得，部分取决于他们口中的出身、死亡、居住地等。自我或身份也可以被重新概念化为空间性存在的不同模式"①。在人们生活的家庭空间中，不同的区域和位置具有自身的意义，家庭空间的划分体现出家庭生活秩序和家庭中成员之间的关系。在与外界进行交流时，家庭中的不同空间具有不同的功能，比如，具有家庭公共领域性质的客厅是家庭对外开放的一个窗口，具有某种程度的展示性功能。塔吉克人家庭中的台式电脑在某种程度上扮演着家具的角色，尤其是在家庭不能连接宽带的时期，以及那些原本可以上网，也购买了台式机却不安装宽带的家庭。当电脑进入塔吉克人家庭，被放置到家庭空间中的某个区域某个位置，不管是否连接网络，电脑本身就成了一种符号、一种诉说，它是这个家庭经济能力、社会地位、审美品位、生活方式的一种象征和诉说。

2014年，笔者第一次到塔什库尔干县时发现，无论是在城区还是乡村，有台式电脑的家庭一般把电脑放在客厅的中心位置，取代了原本电视机放置的位置。电视机一般仍放在客厅，但会被平移到一个相对于台式电脑不那么显眼的位置。塔吉克人热情好客，城区家庭的客厅一般会放置一张两米以上的长桌，桌上铺上漂亮的绣花桌布招待客人，长桌通常会放在客厅中心的位置，客人可以围坐在长桌四周，如果客厅的面积不太大，为了方便招待客人，电脑则会被放置到客厅的一角，通常是一进客厅就可以看到的地方。无论是在城区还是乡村，居住在有院落的传统民居里把台式电脑放在客厅的家庭，他们的客厅布置与传统的客厅布置有些区别，"传统的塔吉克民居称为'蓝盖力'，屋内设计充满天人合一的哲理，房屋都是正方形的平顶屋，较宽大，屋顶中窗，中间为正方形脚地，正房三面为

---

① 转引自斯图亚特·霍尔，保罗·杜盖伊.文化身份问题研究［M］.庞璃，译.开封：河南大学出版社，2010：120.

土炕，一面为炊台，屋内由五根柱子支撑，柱子属于希腊式风格，也是塔吉克族人用来接待客人的场所"①。塔吉克人正房的土炕上会铺上具有民族特色的毡子、花毛毯、褥子似的坐垫等，客人来了可在土炕上坐着聊天、吃饭，晚上可以铺上多条单人褥子和放多床被子作为睡觉的地方。简单的柜子也会放在土炕上，电视则放在柜子上。把台式电脑放在客厅的家庭，他们的客厅通常没有土台，而是使用沙发和类似于茶几的长桌，客厅的空间布置和汉族家庭比较接近。

  2017年，笔者第三次来到塔什库尔干县，在为期四个月的间断性走访中发现，居住在传统民居"蓝盖力"里的塔吉克人家庭，台式电脑的摆放位置与2014年第一次观察到的情况差别不大。在乡村，有的家庭由于在原居住房的旁边新建了政府主导修建的抗震安居房，家中出现了两个客厅，他们一般会把台式电脑放置在新房的客厅里。在城区，由于传统民居的大量拆迁，新建的楼房格局一般不适合传统的几代同堂的大家庭居住，出现了越来越多的核心小家庭居住的模式，条件好的家庭会购买同一单元同一层楼的两套房或同一单元楼上楼下两套或多套房居住。没有能力购买多套房的家庭也尽量维持大家庭一起居住的模式。如果一个居住在传统民居中的塔吉克人家庭有两台电脑，通常旧的是组装机，新的是品牌机。组装机多放到侧房，新的品牌机则会放置到客厅。如果有两台电视机，旧的电视机一般会放到家中最年长的老人房间。在楼房居住的塔吉克人家庭中的台式电脑通常放在男主人或孩子的卧室。

  塔吉克是爱美的族群，他们喜欢红色、橙色等鲜艳的颜色，也喜欢象征纯洁的白色。塔吉克女性擅长刺绣，她们在闲暇时会制作一些造型简练写意、色彩对比强烈的精美绣品来装饰自己的家。台式电脑进入家庭后，几乎每家都会制作配饰来遮盖保护电脑的显示器，表现出对这个独特的家庭成员的爱惜和重视。配上具有民族特色盖饰的显示器和主机组合在一起

---

① 西仁·库尔班，马达力汗·包伦，段石羽.中国塔吉克[M].乌鲁木齐：新疆大学出版社，2012：167.

进入塔吉克人家庭,在塔吉克人家庭中的显要位置占据着一席之地,成为其中具有特殊象征意义的新成员,也成为家庭文化的一部分。

图 3.1 塔吉克人家中摆放在客厅沙发旁的电脑

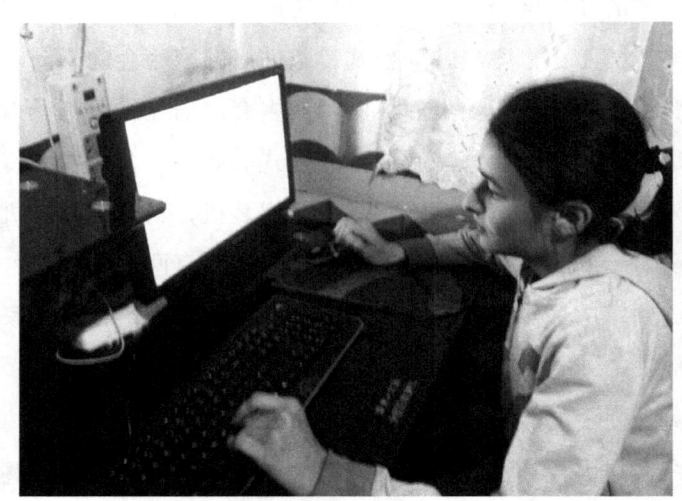

图 3.2 塔吉克人家中摆放在孩子卧室的电脑

家是被构造出来的,在空间中它是一个固定的地方,但它不仅是一个空间、一个地方。在匈牙利学者赫勒看来,家是聚集了强烈情感的地方,是家庭成员情感联系最为紧密的地方。家庭中的空间区域划分以及家庭中的每一个空间位置都是有意义的,体现了家庭成员的关系和家庭日常生活范式。雷尔夫（Edward Relph）认为："家的位置是人存在的基本，这不仅因为它是人类所有活动的背景，也是因为它为个人与集体提供了安全感并确定了各自的身份"①。位置是人们生活的空间，它是人的经验、意志、记忆以及愿望的焦点。家也是人的身份的起点，人们在构造自己的家的过程中也在构建和确认自己的身份。家的构造需要具有稳定性以给人持续的安全感、归宿感，家的构造也处于变动之中，以适应社会环境的变化，在社会体系中拥有自己的身份。台式电脑进入塔吉克人家庭作为一种家具使用时占据了家庭空间中特定的位置，首先是带来感官的刺激，家庭空间布局中蕴含着家庭权力关系，由于作为物的网络媒介改变了塔吉克人传统的家庭空间布局，继而带来家庭中年龄、性别和权力之间固有关系的变化，客观上促使人们重新寻找和认识自己在家庭中的位置。

二、礼物：使用与意义的产生

在第一章对塔吉克人的社会文化环境的论述中我们总结了五个特征，其中一个特征是塔吉克社会具有明显的熟人社会特征。塔吉克人极其重视人际交往，在生活中十分讲究迎来送往的礼节，也有赠送或交换礼物表达情意的习惯。这在很大程度上与当地偏远的地理环境和严酷的自然环境有关，在特殊的生活环境中，人与人之间、群体与群体之间的互助和情感联系是生存和生活强有力的支撑。法国学者格雷戈里（C. A. Grego）里指出，在特殊的社会制度中赠送或交换礼物的目的不是礼物本身，是通过礼物产生人际关系，礼物是社会关系再生产而且是社会关系再生产的动力。② 在传统塔吉克社会中，礼物是一种质朴的交流方式，礼物的种类主要取自身边

---

① Edward Relph. Place and Placelessness [M]. London: Pion, 1976: 41.
② C. A. 格雷戈里. 礼物与商品 [M]. 杜彬彬, 姚继德, 郭锐, 译. 昆明: 云南大学出版社, 2001.

网络媒介用户群使用研究

的生活环境,从手工绣的小物件、馕、杏干、小首饰、塔吉克帽子和衣服,到牛、羊、牦牛、骆驼等都可能作为礼物。随着网络媒介进入塔吉克社会,作为网络媒介物质设备的手机、台式电脑、笔记本电脑、平板电脑等为塔吉克人用来作为礼物的新物品。在新的礼物种类背后折射的是社会关系和社会身份的变化。

(一)电脑、手机等作为礼物的使用

台式电脑、笔记本电脑、平板电脑、智能手机等常见的几种网络媒介设备在塔吉克人中都有使用,部分人拥有两种以上的上网设备。在长时间的田野调查中发现,塔吉克人最常用来作为礼物赠送的是手机,早期长辈送台式电脑给晚辈的比较多,现在由于在外读书的学生比较多,更倾向于赠送便于携带的笔记本电脑或平板电脑。

塔吉克人注重人情交往,也有以物传情的传统。平时送礼比较简单,主要是赠送生活中使用的小物件,表示对人的惦记、关注。在结婚时会送大礼,结亲的双方或关系很近的亲戚会以牛、羊、牦牛等作为礼物。随着社会经济的发展,手机、电脑等作为贵重礼物出现在平时的交往中,比如生日、升学以及男女交往过程中。

[**个案3-5**]JF(男,13岁):十二岁生日的时候我叔叔送给我一台电脑,我们全家都很高兴。(问:你用电脑上网吗?)我爸爸没给我上网,我有时候可以打里面的游戏,可以在上面看照片,很大很好看。(问:你叔叔是做什么工作的?)我叔叔在做生意,他有很多钱。

在田野调查中笔者发现,在较早以前的传统社会,塔吉克人对年龄的概念非常模糊,很少知道自己确切的出生年月,也没有过生日的习惯。现在过生日一般也是给家里的年轻人或孩子过,所以,作为生日礼物的电脑、手机等一般是由大家庭中经济条件好的、有一定社会地位的长辈送给晚辈。在青少年升学的时候,以手机和笔记本电脑作为礼物的现象比较普遍。塔什库尔干县只有一所中学,部分小学生毕业后,会根据考试成绩,升入喀什、奎屯等新疆其他城市的中学就读初中,还有一些初中毕业生会到部分内地城市就读"内高班"。为了联系方便及表示对孩子升学的祝贺,长辈购买手机作为礼物送给孩子的情况较为普遍。有的家庭会把大人用过的手机给孩子,这不算礼物。能称得上礼物的,是那些条件较好的家庭或亲戚赠送给晚辈的价格适中的品牌手机,最为普遍的是 vivo 或 OPPO 这两个品牌的手机,这也是塔什库尔干县手机销量最好的两个品牌。对于去外地读大学的学生,考虑到大学学习的需要,稍有条件的家庭都会购买笔记本电脑作为奖励的礼物。

在传统社会文化中,"塔吉克青年男女有互赠礼物传情的习俗。女子如果愿意接受小伙子求爱,就送一个亲手绣制的精美荷包给他。小伙子则将一个里面装着杏(心)仁、石子和几粒盐的小黄布包回送给姑娘,表示'我爱你的心,像盐一样纯洁、坚定不变'。他们还互送烧了一半的火柴,象征自己的感情像火一样旺。也有在叼羊比赛中把叼来的羊扔在心爱的姑娘面前求爱的"①。现在,手机成了塔吉克青年男女用以传情的新的礼物类型。在青年男女交往中把手机作为礼物赠送给对方的一般是男青年,他们认为送手机既时髦又有用,可以用手机拍照、互传照片,可以用微信聊天,联系起来很方便。

[**个案 3-6**] KYM(23 岁,男,刚参加工作不久):我想买个手机送给我女朋友,她有手机,旧了,我想买个好机子送给她。她给我传多多的照片。

作为传情礼物的手机一般会注重品牌,vivo、OPPO 比较常见,有的男青年会尽力购买苹果手机向姑娘表达自己的感情,觉得让对方在朋友中很有面子,从而也展示自己的经济能力,塑造自己的身份。

---

① 龙山.走访塔吉克民族风俗文化[J].寻根,2013(2):92.

网络媒介用户群使用研究

（二）电脑、手机等作为礼物的流动特征

法国学者莫斯（Marcel Mauss）在综合考察了大量采自濒临太平洋的诸多部落、族群的民族志后发现，在许多族群社会中广泛存在着赠礼习俗，这种习俗由义务性送礼、义务性接受和义务性回赠三个环节构成。几乎所有的礼物都是"双向流动"，送礼是一种交换行为。虽然表面上没有固定要求，但"回礼"是义务性的，是被期待的，而且要和收到的礼物相当，回礼不当则会受到道德的和巫术的惩罚。礼物中究竟有什么力量使得受赠者必须回礼？有的族群（比如毛利人）认为礼物中带有原主人的"灵力"，被称作"豪"，如果接受了别人送的礼物而不予以对等的回赠，就是保留了他人的"豪"，是一种不正当的占有，会遭受厄运。这实际上是一种对等交换心理的隐喻。莫斯将礼物交换解释为建立社会规范的需要，认为礼物交换不在于礼物本身，而是为了参加社会活动，建立社会关系，社会需要这种互惠性制度，使社会生活得以有序运行。

塔吉克人也是十分注重在交往中赠送礼物的族群，礼物的流动在平时很自由，没有义务性的"回报"，既可"单向流动"也可"双向流动"。在平时的交往中，礼物往来主要是表达情意，是一种人情关系，并没有对等交换的观念。

［**个案3-7**］LLBGM（女，26岁，塔什库尔干县妇联工作人员）：我们塔吉克人原本没有交换的概念，不管谁来家，都会把自己有的最好的东西拿出来，送客的时候也会把自己家里有好东西送给客人带回去，不求回报。

塔吉克人在缔结婚姻关系过程中的礼物往来则需要"双向流动"，具有契约的意味。塔吉克人缔结婚姻关系要经过订婚和结婚两个环节。在两个环节中，男女双方家庭都要进行一些礼物交换，一般男方给的聘礼比较多。如果结婚后女方提出离婚，就要把所有的聘礼还给男方。如果男方提

出离婚,就不用退还订婚时给的首饰之类的聘礼,但要还结婚时的聘礼,同时男方根据女方在男方家的年限和操持家务的情况给女方一些钱财,这部分钱财被称为"酬劳"。这体现了一种跟莫斯的描述相似的"交换"情形。

当塔吉克人把电脑、手机等作为比较贵重的礼物在日常生活中使用时,礼物的流动呈现出明显的特征。从社会地位来看,呈现出一种从高到低的流动态势。赠送礼物的一方往往是社会地位较高、经济能力较强的。从年龄上来看,礼物往往是从大家庭中的青壮年的长辈向青少年晚辈流动。一个值得注意的现象是,在传统社会中最具权威的长者极少作为这类新型礼物的施赠者。在笔者的接触中,也有家中最年长且掌握家庭经济大权的男性长者买手机给儿孙辈的情况,但这是较为个别的现象,而且赠送的往往不是智能手机,只能打电话。从性别上来看,礼物主要是从男性向女性流动。塔吉克传统社会女性地位较低,随着社会的发展,虽然出现了变化,但总体来看还是男性处于优势地位,往往是占有性别优势的男性把手机、电脑等作为礼物赠送给女性。总体来讲,在日常交往中,作为礼物的手机、电脑的流动基本上都是"单向流动",没有义务性"回礼"的要求。值得注意的是,不需要"回礼"并不意味着在平时的日常生活中送手机、电脑跟送小绣片、杏干、荷包一样纯粹地以物传情,虽然这里面有不少情意的成分,实际上也是一种保持或生产社会关系、确认社会身份的社会活动。在莫斯看来,贵重物品的实际价值是没有意义的,它的价值在于其文化意义上的价值,贵重物品是权力、声望、荣誉的象征。①

---

① 莫斯.礼物——古式社会中交换的形式与理由[M].汲喆,译.上海:上海人民出版社,2002:56—57.

三、作为物的使用与人的互动

人的身份是在社会关系中形成并体现的，社会关系又是在社会环境中产生的。个人多重身份归属的综合效应主要体现在生活方式、消费实践和价值认同上。电脑、手机等网络媒介物质设备作为物的使用是如何影响塔吉克人的身份认知和自我认知的？本书认为这是物作为表征符号形式作用于环境，环境作用于社会关系，社会关系作用于身份的过程。电脑、手机等以家具、礼物等物的形式进入塔吉克人的日常生活，是一种具有表征意义的消费品，带来感知环境、符号环境和社会环境的变化，打破了固有环境中的时空关系和价值认同，影响了固有的社会关系，在变动的环境和社会关系中，人的身份感知、认知也发生着变化，由此引发有意识或无意识的自我认知行为。

（一）消费、表征符号与环境的改变

塔吉克人购买电脑、手机等网络媒介设备在家庭生活和社会交往中使用，是一种新型的消费行为。当电脑、手机等作为家具或礼物使用时，人们消费的不是这些物品的实用功能，而是它们的象征意义。从这个层面来看，作为物的使用的手机、电脑就是苏珊·朗格所指称的表征性符号。苏珊·朗格将人造物、艺术形式、文化活动等划归为表征性符号类别，这类符号的特征是可以把自己的关系结构呈现在使用者面前，让他们直接去感知这些符号表达的理念。在鲍德里亚看来，商品消费的表征符号表达不仅是某种流行样式风格，还是名牌、声望和权力。人们在消费商品时已不仅是在消费物品本身，还是在消费物品所代表的社会身份、符号价值，如富贵、浪漫、时髦、前卫、归属感等象征价值。消费者在一种被动迷醉状态下被物化成社会存在中的符号——自我身份确认。也就是说商品的符号

价值赋予了身体和自我不同的意义，代表了人的品位和身份。所以，萨特（Jean Paul Sartre）说："我的占有物反映着我的存在的整体。我就是我有的东西。"[①] 人们把消费的物品转化为表达自我的一部分。

进入塔吉克人家庭的作为家具使用的电脑和在塔吉克人社会交往中作为礼物的手机和电脑等是一种新型的消费品，也是一种直观的表征性符号。它们象征着财富、地位、时尚、现代意识等。它们的象征价值一方面来源于相对较高的价格，另一方面来源于与这些物质设备紧密联系的上网技术。尽管在作为家具或礼物使用时，使用者很少考虑使用它们的技术功能，也不清楚网络技术原理，但人们或多或少知道这些技术是先进的、现代的。这些物品在塔吉克人日常生活中的使用改变了固有的空间和时间秩序，带来了社会—符号环境的变化。

媒介环境学提出泛环境论，认为环境包括感知环境、符号环境和社会环境三个层次，感知环境和符号环境浑然难分。我们需要关注的是感知环境和符号环境在人们构建周围环境时是如何相互作用的。我们需要审视社会环境的符号结构如何规定着人的互动或文化的生产。由客厅、卧室、厨房等组成的家庭空间是人最先和最常接触的社会—符号环境。可以说，家庭是典型的社会—符号环境，这个社会—符号环境主要由时间、空间和惯例构成。时间、空间和惯例建构了日常生活的秩序，日常生活的秩序建构并维持着人的个性和社会身份。人们在时间和空间中精心调配着社会关系，分享意义，履行责任，获得安全感和身份认同。

家的空间布局是一种生活惯例、一种文化，反映着家庭结构和家庭成员之间的关系，家庭空间中各类物品的摆放标示出物品与家庭生活的亲疏关系。电脑、手机等作为物的使用进入塔吉克人家庭，首先带来的是家庭生活环境中空间布局的变化。在本章第一部分中，我们描述了台式电脑进入不同建筑格局的塔吉克人家庭后被放置在家庭中的空间位置的情形。呈

---

① 让·保罗·萨特.存在与虚无［M］.陈宣良，等译.北京：生活·读书·新知三联书店，1997：733.

现出的主要特征是：台式电脑通常被放置在客厅显眼的位置，占据了原本放电视机的位置。如果一个家庭有两台台式电脑，一般将品牌机放在客厅，组装机放家庭中青壮年家长或孩子的房间。在某种程度上台式电脑在塔吉克人家庭中被作为一种具有象征性的家具使用，尤其是摆放在客厅的电脑。台式电脑在塔吉克人家庭中摆放的位置显示出塔吉克人对这位家庭新成员的重视。雷尔夫（Relph）认为，位置不是抽象的。首先位置可能是个人与集体身份确认的重要源泉。① 作为家具使用的台式电脑在塔吉克人家庭中的空间位置改变了由电视构造的家庭空间功能，带来了家庭环境的变化。虽然一个家庭中可能有两台以上的电视，但以电视为中心的客厅形成了家庭成员聚集交流的仪式化核心区域。取代客厅中电视机位置的台式电脑，消解了家庭中核心区域的实用功能，主要展现的是一种象征家庭财富、地位、现代化的功能。

进入塔吉克人家庭的台式电脑改变了由电视构造的家庭生活模式。詹姆斯·勒尔（James Lehr）认为电视使家庭生活更有规律。柯克·约翰逊（Kirk Johnson）在对印度两个村庄的关于电视使用的民族志研究中发现，电视带来的最明显的影响之一是，现在，人们开始通过电视节目而不是像过去那样根据太阳在天空中的位置来判断时间……作息时间根据电视而安排。② 台式电脑进入塔吉克人家庭后，原本由电视构建的日常生活时间表也发生了变化，由电视节目形成的作息安排逐渐被消解，客厅中出现的情形是有人看电视、有人玩电脑（不论能不能上网）、有人看手机。家庭中仪式性的集体时间减少，时间安排趋向于个人化。坎特和莱尔（Kantor and Lehr）认为，家庭中时间的组织和运用，揭示了"什么被认为是家庭中最重要的东西"③。

在日常生活中被作为礼物使用的电脑、手机等，也打破了塔吉克社会

---

① Edward Relph. Place and Placelessness［M］. London：Pion，1976：141.
② 柯克·约翰逊.电视与乡村社会变迁：对印度两村庄的民族志调查［M］.展明辉，张金玺，译.北京：人民大学出版社，2005：183.
③ D. Kantor and W. Lehr. Inside the Family［M］.San Francisco：Jossey-bass，1975.

原有的时间秩序。传统塔吉克社会中，对于个人来说，接受贵重礼物的重要时间主要是订婚和结婚的时候。当手机作为贵重礼物在个人的生日、升学等时间点出现的时候，对于塔吉克人个体来说，原有的重要的时间点有了增加，由订婚、结婚发展为生日、升学、订婚、结婚。对于家庭和群体来说，传统的赠送贵重礼物的重要的时间点主要是家庭婚丧嫁娶的重要时刻以及塔吉克传统节日——皮里克节、肖贡巴哈尔节、古尔邦节等。现在除了上述时间点，还与家庭成员的生日、升学等时间点相关。在传统的高原生活中，婚丧嫁娶和主要节日是族群聚会交往的重要场合和主要时间点，也是最能体现人与人之间社会关系以及个人、家庭的社会身份的重要场合和时刻。从某种程度来说，作为礼物的电脑、手机等增加了社会交往的重要的时间点，为社会关系、社会身份的建构提供了更多的契机，也提供了新的方式。

日常生活的惯例与韵律都结构在时间和空间中。电脑、手机等作为物的使用进入塔吉克人的日常生活中，带来了对传统的时间、空间秩序的影响。时间和空间是社会—符号环境的结构性组成要素，时间、空间秩序的变化必然带来人们赖以生活的社会—符号环境的改变。

（二）社会关系的变动

作为物的被使用的手机、电脑等网络媒介设备以表征性消费品的身份进入塔吉克人的日常生活，在人们的无意识中产生了蝴蝶效应。从时间、空间秩序的改变到社会—符号环境的变化，到社会关系的变动，再到人的感知、情感、价值观念、自我意识的变化。人们在变化了的社会环境和社会关系中进行新的身份认知和自我认知。

作为典型社会—符号环境的家庭空间是人身份认知和身份形成的起点。美国心理学家温尼科特认为，"一个人童年生活中的环境对个体的形成起促成的作用；在童年时，孩子必须通过自己的经验以及与他者的联系在成长中形成自我。"① 奇凯岑特米哈伊和罗奇伯格·霍尔顿（Czikszentmihalyi

---

① 转引自罗杰·西尔弗斯通.电视与日常生活［M］.陶庆梅，译.南京：江苏人民出版社，2004：12.

and Rochberg Halton）则认为："家的重要性源于这样的事实：它是人们行动与互动的空间。在这个空间里，一个人可以形成、保持或改变他的身份。"①家也是一个包含性别、年龄、权力的所在，家庭内部的空间、时间秩序标识着家庭成员在家中所处的位置，体现着家庭成员之间的关系，家庭成员之间的关系也是最基本的社会关系，与社会身份的形成和确认关系密切。

作为家具被使用的台式电脑在家庭中摆放的位置成为家庭内部权力关系的标识。当具有表征符号性的台式电脑取代原本电视机的位置被摆放到客厅显眼处时，在一定程度上削弱了大家庭中家长制的权威。家长制大家庭是塔吉克传统社会文化的主要特征之一，虽然在家庭中看电视会照顾到孩子的需求，但电视这种带来仪式感和时间表的媒介，通常把家庭成员聚合在以家中最具权威的男性家长为中心的客厅区域，在家庭中也成为长辈权力的象征。在大家庭中，如果家中有两台电视，除了客厅外，另一台会摆放到家中最年长长辈的房间，而家中有两台电脑，除了客厅外，另一台则会摆放到家中青壮年家长或孩子的房间，这也标识着这些区域是比较受重视的区域，也是可能接受外界信息更多的区域。戴维·赖斯（David Reiss）认为，家庭对内在空间的安排，清楚地反映了它作为一个集体，怎样把外界世界概念化或者怎样理解这个世界。②

作为表征性家具的台式电脑改变了家庭空间的划分秩序，使家庭中不同空间的实用功能和象征性功能以及情感含义发生了变化，相应的时间秩序也发生了变化，家庭中原本由电视在特定区域构建的仪式化、程式化的时间逐渐被消解，自然而然地，家庭中的长辈与晚辈、夫妻、兄弟姐妹等在家庭中的位置和情感交流方式也会产生联动变化。正如威尔逊和帕尔所

---

① M. Czikszentmihalyi and Rochberg Halton. Eugene the Meaning of Things［A］. Domestic Symbols and the Self. Cambridge：Cambridge University Press，1981：144.

② D. Reiss. The Family's Construction of Reality［M］. Cambridge：Harvard University Press，1981：237.

说，家庭为其成员提供社会身份以及基本的社会性协作。^① 在社会—符号环境的变化中，人们自觉或不自觉地开始在家庭中重新感知和确认自己的身份，比如人们对女性身份的感知产生了明显的变化。传统社会中的塔吉克女性极少参加社会工作，社会地位较低，主要身份就是在家中操持家务的家庭妇女。现在，有工作的女性也可能把没做完的文字处理等工作带回家中，这类女性在家中的主要位置就不仅被刻板地限定在厨房，她们的工作形象也不再仅限于家务，家庭女性的身份不再像过去一样牢不可破，和家庭中男性的身份区隔也不像过去那样绝对。另外，家中最年长男性长辈的权威身份在某些区域退场，传统塔吉克大家庭家长制产生了松动，最年长男性家长的身份在某些时候成了一种象征，他们在家中仍然受到最高的尊重，但家庭中的一些实际权力的掌握正在向中青年转移。

戴维·赖斯认为，家庭是形成中的社会单元，家庭与其周围直接的社会和文化环境联系紧密，家庭内部的关系模式、家庭消费等体现了家庭的范式，每一个家庭与社会的互动是由这个家庭的范式引导的。客厅是家庭对外开放的公共空间，是对外展示的区域，也是家庭与社会连接、产生新的社会关系的区域。当台式电脑被放置到客厅的显眼位置时，当塔吉克人将台式电脑这种网络媒介物质设备作为物来消费时，它是一种特别的物质和符号，代表家庭经济状况、家庭品位、家庭社会地位。家庭与家庭成员通过家庭消费能力和消费品位进入现代社会体系，在现代社会体系中占有自己的位置，构建自己的身份。

当塔吉克人把手机、电脑等网络媒介物质设备作为贵重礼物在社会交往中使用时，传统社会时间秩序发生了变化，维持和再生产社会关系的场合和时机增加了。这意味着赠送礼物的人有更多的社会交往机会展现自己的经济能力、品位和地位，构建自己的社会身份。在塔吉克人社会馈赠贵重礼物意味着赠受双方关系十分亲密或重要。一方面可以维持亲密的关系，

---

① P. Wilson and R. Pahl. The Changing Sociological Construct of Family [J]. The Sociological Review. 1988, Vol. 36. Issue 2: 233–272.

另一方面可以建立重要的关系,在这个过程中,人们的身份随着新的关系的建立发生着变化。比如建立起男女朋友的关系或者新的合作伙伴的关系,可能带来新的社会身份的产生和确认。在某些交往关系中贵重礼物取代传统礼物,也带来人们的感知、价值观念、自我认知甚至社会文化等方面的变化。

[个案3-8] RXT(男,26岁,在内地上过大学又回到塔什库尔干县工作):现在在塔县结婚的成本都高了,我结婚大概为女方准备的聘礼等需要10万元。现在微博、QQ、微信这么发达,女孩们都会晒图。比如我和我的一个朋友都要结婚,他给他的结婚对象买了两三万元的黄金首饰,我比他买少了,我就没面子。据老人讲,塔吉克人本来是喜欢白银的,因为塔吉克人喜欢白色,会觉得白银更好看,现在成了喜欢黄金了。我觉得黄金手上、脖子上戴可以,其他地方戴并不好看。

可以想象,当塔吉克青年男女用以传情的礼物由荷包、盐、烧焦的火柴普遍变成手机、笔记本电脑或平板电脑时,在日常生活的交往中,人们注重礼物带来的财富、身份的象征价值甚于礼物的情感价值时,将会带来怎样的社会变化。在这种环境下,礼物就是"面子",是一种参与竞争的资本,赠礼者不是为了获得经济价值的回报,而是为了获得情感、荣誉或声望。这在某种程度上,和莫斯所描述的太平洋群岛上一些部落的"夸富宴"有相似之处,一些部落的首领用挥霍、分发财物的方式压低别人,证明他为财富之灵所附,以此来保持他在家族、村庄甚至部落中的权威,保住他在族内或族际各个首领中的排行。一个神话中的大首领因为没有给出夸富宴,就被说成有"一张腐烂的脸"。① 而这种"夸富宴"一般是在部落权力进行更替、新的社会身份即将产生的时候举行。由此可见,贵重的、不需要受礼者物质回馈的礼物,诉求是社会关系的再生产、在社会身份的

---

① 莫斯. 礼物——古式社会中交换的形式与理由[M]. 汲喆,译. 上海:上海人民出版社,2002:70—71.

争夺中的胜利或新的社会身份的获得。

网络媒介在进入塔吉克人的日常生活时,塔吉克人首先表现出的是对网络媒介的物质形态的接受和采用。手机、电脑等网络媒介的物质形态比电视的物质形态更加多样化,适宜在更多的场所和情境下使用,也更能激发人们使用的想象力和创造力。塔吉克人根据自己社会文化环境的特征对网络媒介的各种物质形态进行了改造和挪用,这也是一种创造性的使用行为。无论是在家庭生活中扮演着象征性家具的角色还是在社会交往中扮演着贵重礼物的角色,手机、电脑等网络媒介的物质形态在塔吉克人的生活中具有象征性意义,这种具有财富、地位、品位、身份象征功能的消费品客观上刺激着人们的感官,对人的自我意识、身份意识产生触动。布迪厄提出符号资本的概念,认为符号资本"涉及对声望、名声、奉献或者荣誉的积累"①。从某种意义上来说,手机、电脑等网络媒介的物质形态在塔吉克人的日常生活中已成为一种建构身份的符号资本,凭借对网络媒介物质形态的使用,塔吉克人的自我意识受到触动,自觉或不自觉地开始产生自我认知行为。

本章小结

本章主要关注塔吉克人在日常生活中对网络媒介物质形态的使用情况,并从这一层面探讨"网络媒介的使用与塔吉克人自我认知"的相关问题。在网络媒介进入塔吉克人社会的初期阶段,塔吉克人对网络媒介的使用更多体现为对网络媒介物质形态(台式电脑、手机等)的象征功能的使用,由于塔什库尔干县乡镇分布较为分散,受地理环境和自然环境的影响,有的乡镇至今不能接入互联网,因此这种现象持续存在。

---

① P. Bourdieu. The State Nobility: Elite Schools in the Field of Power [M]. Translated by Lauretta C. Clough, Cambridge: Polity Press, 1998: 7.

塔吉克人对网络媒介物质形态的使用突出表现为将台式电脑作为家具，将电脑、手机等作为礼物在家庭生活和社会交往中的使用。台式电脑作为家具的使用在塔吉克人家庭中占据的空间位置，改变了传统家庭空间布局中权力的分布状况，对家庭成员之间固有的权力关系产生影响，从而导致个体在家庭中的身份地位的微妙变化；另外，作为家具的台式电脑放置在家庭中的显眼位置，也是家庭经济状况、社会地位、消费品位的展示和象征。电脑、手机等作为贵重礼物的使用对塔吉克人日常生活中的时间秩序产生影响，塔吉克人在生活中有以物传情的习惯，但平时赠送的礼物比较简单，只有在缔结婚姻关系或重大传统节日时才会互赠贵重礼物，电脑、手机作为贵重礼物在塔吉克人生活中呈现出由长辈赠予晚辈、由男性赠予女性的单向流动方式，赠送的时间通常是晚辈升学、过生日或男女恋爱交往中，增加了赠送贵重礼物的时间节点，也增加了生产社会关系与建构新的社会身份的时间和场合。

塔吉克人在家庭生活和社会交往中将电脑、手机等网络媒介的物质形态作为家具、礼物使用，是塔吉克人在特有的社会环境中对网络媒介的一种改造和挪用，是一种创造性的使用行为。电脑、手机等相对昂贵的价格和与现代新技术的联系使得人们将其作为身份、地位、品位的象征，使用的过程也是一个有意或无意的自我认知的过程。电脑、手机等具有象征意义的网络媒介物质形态在塔吉克人的日常生活环境中的出现，客观上对塔吉克人的感官造成刺激，对塔吉克人的自我意识的萌发产生了触动作用。

第四章
作为技术的使用：赋能器与人的互动

麦克卢汉认为，历史上古代印刷时代等不同的技术环境对改变人们的意识均起到了举足轻重的影响，因此新技术，或者新的传播形式完全可以创造出一种全新的环境。有了新的环境，人类社会的各个方面也就有了新的变化，这已经为历史上任何一项重大技术发明产生的影响所证明。[①] 麦克卢汉的论述突出了"技术带来环境的改变，环境的改变带来人的变化和社会变迁"的观点。麦克卢汉关注媒介本身甚于媒介传播的内容，他进一步指出电子媒介的应用带来了社会角色的普遍变化。与传统媒介比较，网络媒介本身具有更为突出的技术特性，主要表现为即时性、连接性、搜索性等，这些技术特征改变了传统媒介单一的接受性使用形式，呈现出连接性使用、搜索性使用、展示性使用等多种使用形式，带来社会环境的变化，进而影响到人的观念、意识及认知的变化。

本书的研究对象——帕米尔高原塔什库尔干县塔吉克人所处的环境具有特殊性。地理环境相对偏远、封闭，自然环境较为严酷。在各种因素作用下形成的社会文化环境具有典型的传统社会的特征，尤其在权力关系上表现为大家长制、父权制等，体现出年龄上绝对的长者权威和性别上的男性优势。一般认为，生活在环境封闭的传统社会的人的身份主要是由其生活的社会环境和社会组织规定和赋予的，身份具有规定性和固定性。在

[①] 马歇尔·麦克卢汉.理解媒介：论人的延伸[M].何道宽，译.北京：商务印书馆，2000：27.

网络媒介用户群使用研究

较长的一段时间里,由于特殊的地理环境和自然环境,塔吉克社会发展相对缓慢。社会的变革和技术的发展带来"电子媒介的卷入感"(麦克卢汉语),把走在半道上的塔吉克人卷入现代化的时代潮流,使塔吉克人从传统社会直接过渡到现代信息社会,几乎没有经过工业化的阶段,塔吉克人面临着社会环境的巨变和在新的环境中对自我身份的确认。查尔斯·泰勒提出:"现代人必须处于自觉自为的自主程度才能找到自我。"[①]在网络社会崛起的社会大背景下,网络媒介进入塔吉克人的日常生活,带来固有环境的改变,同时,网络媒介的技术特性也为塔吉克人在变化了的环境中进行身份的自我建构提供了可能性。

本章结合网络媒介的技术特性和塔吉克人独特的社会文化环境,着眼于塔吉克人对网络媒介技术的使用与自我认知的过程和关系。探讨网络媒介使用"怎样"和"为什么"会导致使用者所处社会环境以及社会角色的改变,人的主观能动性在这个过程中起到怎样的作用。

一、基于网络媒介技术特性的使用

塔什库尔干县于1998年开通了仅限于县城和周边乡镇单位使用的网络,网络媒介主要以物的形式进入塔吉克人家庭和个人的日常生活中。在此之后的很多时间和场合,人们使用的主要是网络媒介物质设备的象征价值,比如作为家庭中的具有象征意义的家具,作为社会交往中的贵重礼物。彼时尽管对网络媒介的通信技术功能使用不多,但网络媒介作为一种新鲜事物在塔吉克人日常生活环境中的出现给塔吉克人带来感官刺激,网络媒介与某种先进技术的联系在塔吉克人社会已广为人知。2008年,塔什库尔干县电信部门具备了安装民用宽带的能力,网络媒介本身作为具有连接性、

---

① 查尔斯·泰勒.现代认同:在自我中找寻人的本性[J].陶庆,译.求是学刊,2005(5):13—20.

互动性、搜索性等功能的新兴媒介在真正意义上开始进入塔吉克人的日常生活。经过近十年的发展，塔什库尔干县城区和县城周边方圆三十千米的区域都具有宽带接入的条件，近两年普遍安装了 Wi-Fi。没有宽带接入的区域，智能手机移动上网也成为较为普遍的现象，虽然在一些更为偏远的乡镇，手机信号不稳定或尚无网络信号覆盖，但塔什库尔干县塔吉克人的整体网络普及率已经接近中国网络普及率的平均水平。

网络媒介构造着新的社会环境，直接或间接地与塔吉克人产生着联系。根据笔者对塔吉克人网络使用的调查：塔吉克人常使用网络的地点依次是家里、单位、亲戚朋友或邻居家、没有固定场所和网吧；上网的应用之处多样，主要有购物、搜索需要的信息、交友聊天、看视频、打游戏、下载学习资料、学习语言、发电子邮件、发朋友圈、发帖子等；常使用的 App 有微信、QQ、手机淘宝、支付宝、拍照修图软件、学习软件等。从网络技术特性出发，结合塔吉克人网络使用情况，塔吉克人的网络使用行为可概括为连接性使用、搜索性使用两个主要的层面，笔者认为网络媒介的连接性使用和搜索性使用对塔吉克人固有环境的时间、空间具有突破性影响，在系列因素的作用下，塔吉克人在传统社会中的身份固化情况发生变化，发生变化最多的是与性别和年龄相关的身份领域。

（一）连接性使用

连接性是互联网技术的禀赋，连接性也是网络新技术最突出的技术特征。塔吉克人对于网络媒介的连接性使用主要表现为与外群体成员间的社会交际、婚恋交往、建立内群体微信群、进行消费与销售活动等。

1. 连接外群体的社会交际

个人的社会交际是人与人之间相互接触、交流信息、沟通思想、联络情感的过程。个人与个人的关系是全部社会关系的起点，人际交往是建立个人与个人之间社会关系的桥梁。居住在帕米尔高原塔什库尔干地区的塔

网络媒介用户群使用研究

吉克人生活在近乎生命禁区的坏境中，在生产、生活中特别需要大家庭成员之间、亲戚邻里以及朋友之间的守望相助。在封闭、严酷的生存环境中，人际交往、人的群体的联系和关注成为塔吉克人生存最为强有力的支撑和保证，这也使得塔吉克人在传统人际交往中呈现出显著特征：交往对象往往是自己的亲戚、邻居、同事、同学等，交往的地域范围主要局限于本地，大部分人一生中没有交往过塔什库尔干县以外或本族群以外的朋友。

网络媒介的连接性特性打破固有的空间限制，促进了塔吉克人与外群体成员的交往联系。随着当地旅游开发和内地援助建设的发展，塔吉克人接触到的外地人越来越多，他们在接触中往往会留下微信、QQ等联系方式加强在平时生活中的交往联系。比如深圳是塔什库尔干县的主要援建城市，海南、北京等地的一些单位在当地也有教育、基础建设等方面的支援项目。由于援建和支教等公益项目，与之相关的人员来到塔什库尔干县，加上一些从外地来旅游的人，这些人中有不少在离开塔什库尔干县后和在当地结识的塔吉克朋友保持联系和交流，（为其）提供持续的帮助。

[**个案 4-1**] AXT（男，15岁，初三学生）：以前有个从深圳到我们这里支教的老师，他是我的QQ好友，他离开塔县后，我们经常用QQ聊天，我有不懂的问题就通过QQ问他，他很喜欢我给他发的我们这里婚礼的照片，他知道我亲戚家有困难也会帮助。

通过网络媒介认识外地朋友较多者一般是在外地上过大学回到塔什库尔干县工作的人，也有在喀什读中学的学生或到更远地方的大中专学校读书的学生，以及少数青年农牧民。在利用社交媒体结交外地朋友方面，塔吉克人态度比较积极。

[**个案 4-2**] NEBN（女，26岁，在塔什库尔干县做生意）：我通过

第四章 作为技术的使用：赋能器与人的互动

加微信好友认识了几个外地的朋友，还有在塔县做生意的巴基斯坦人，也有一些本地的人。（问：你是怎么加上他们的？）外地的主要是朋友推荐的或者是来旅游的，本地的有的是用微信里面那个"附近的人"找到的，有的是他们先同我打招呼，有的是我先同他们打招呼。我通过微信认识一个汉族朋友，她回去后给我寄来一些东西，我也把我绣的好看的手帕、枕套什么的寄给她。

网络媒介的使用拓展了塔吉克人的社交范围。

[个案4-3] ABP（男，23岁，社区工作人员）：以前我的朋友都是塔县的，现在我有106个微信好友，大部分是认识的同学、亲戚、朋友等，大部分是塔吉克人，也有五六个外地的汉族人，主要是这些人到塔县来旅游的时候认识的。

笔者发现在塔什库尔干县城，五六年级的小学生使用微信、QQ的已经为数不少。

[个案4-4] BYG（男，12岁，六年级学生）：我们班基本上都有自己的手机和微信，只是平时学校不允许带，我们就回家再玩。我用微信半年了，有五十几个好友。我们这边还有学校安排了深圳的笔友，主要是写信，也可以通过QQ联系。

笔者所做的调查问卷显示，在587名调查对象中，约18.06%的人通过上网交到了5个以上的外地朋友，一个都没有的约占14.82%。通过上网交到的朋友有54%来自本地以外的新疆其他地区、外省甚至国外。网络媒介在塔吉克人的对外社会交际中突破了以往的空间限制，带来更多的社会资源，产生了更多的社会关系。

2. 婚恋交往

大家庭家长制是塔吉克社会文化环境的主要特征之一，传统的塔吉克人婚恋主要由家庭中的大家长做主，男女双方没有交往的自由。缔结婚姻关系的过程也是耗时、耗财、耗力的系列工程，男女双方的婚配主要靠人情关系牵线搭桥。人情关系需要投入时间、钱财和感情进行维系，而且这种婚配可选择范围有限。"过去塔吉克人在缔结婚姻时，首先考虑表亲；堂表、姑表、舅表和姨表，近亲中无合适的才和其他人家通婚。结婚的双方不受辈分和年龄差别的限制"①，这种状况也和当地与外界相对隔绝、生存条件严酷、人口资源稀少的社会环境有关。在社会发展进程中，塔吉克人认识到这样的婚配形式不利于优生优育和社会发展。随着微信、QQ等社交媒体的使用，年轻人对通过社交媒体恋爱交往具有了一定的信任度。调查显示：目前有30.15%的人认为通过网络谈恋爱可靠，29.98%的人认为说不清楚，39.86%的人认为不可靠。笔者在田野调查中发现，塔吉克青年男女通常通过朋友的推荐或通过一些微信、QQ群互加好友，甚至通过其他民族的微信好友认识本民族的适婚对象。比如笔者是一位塔吉克男青年KNK和塔吉克女青年MNR的共同微信好友，一次笔者和MNR走在街上碰到KNK，KNK希望笔者把MNR的微信名片推荐给他，在征得MNR同意后，笔者向KNK推荐了MNR的微信名片，两个原本不认识的塔吉克青年男女就此关系联结起来，通过微信开始互相了解、交流。目前县城及周边乡镇青年人会比较活跃地使用微信和QQ进行男女朋友阶段的交流。

在塔吉克青年看来，通过使用微信、QQ等社交媒体来认识和交流具有了时尚的味道，但他们的婚恋也面临着由传统与现代的冲突带来的烦恼。

---

① 西仁·库尔班，马达力汗·包伦，段石羽.中国塔吉克[M].乌鲁木齐：新疆大学出版社，2012：170.

[**个案4-5**] XKE（男，24岁，XKE是一个笔者认识的塔吉克朋友推荐的微信好友，在笔者的微信好友里已经一年多，通过较长时间的微信交流建立了良好的信任关系。XKE选择在县城的一家汉堡店跟我见面）：我在乌鲁木齐上学三年对我的影响很大，我觉得乌鲁木齐很现代、人很文明。我家在塔县给我订了婚，是去年9月份订的。我有一个微信好友是塔吉克女孩，她家在喀什附近的塔吉克民族乡，她在乌鲁木齐上学，今年毕业。我们在乌鲁木齐见过三四次，每次去咖啡厅见面，她穿着很现代，以前好长一段时间没怎么联系，后来她知道我订婚了，又向我表白，我很苦恼，我喜欢她，不喜欢我的订婚对象，但在塔县订了婚，退婚是不可能的，不然会一辈子都会抬不起头。

我最近跟我的订婚对象见得少，她也不用微信和QQ，她在喀什读过大专，学的是维语，不懂汉语，我们聊天少。我和乌鲁木齐的女孩微信聊得多，有时候用语音，有时候打汉字。感觉用汉语说话和打字有时候表达的意思很浪漫。

在这次交谈的五个月后，XKE在微信朋友圈发布了和订婚对象结婚的消息和婚礼照片，他最终遵从了家长的安排按照传统方式开始在家庭中实践作为丈夫的身份。

总体来看，网络媒介在塔吉克青年男女的婚恋交往中逐渐扮演着"媒人"的角色，特别是在前期的认识、交往中逐渐被较为广泛地运用，家长也基本默认这种婚恋前期阶段的交友方式，因为这种方式一方面拓展了适婚男女资源配置的范围；另一方面节约了婚恋前期需要投入的人情和财物成本。通过这种交往方式交往一段时间后将对象带回家与双方家长见面，从这时候开始，传统的塔吉克婚恋规则又开始运转起来，男方要多次到女方家提亲，女方要征求所有近亲的意见无异议后才能进入繁复的定亲、结婚环节。虽然婚恋的最终决定权还在家长手中，但年轻人通过网络媒介的连接性使用获得了一些恋爱的自由，从长辈那里得到了一些婚恋中的自主权。

3. 内群体微信群

网络媒介的使用促使塔吉克人与家人和本地朋友的交往方式发生变化。笔者所做的问卷调查显示，目前与家人交流常使用的方式排在前三位的分别是：打电话、发微信和面对面交流；与朋友交流的方式排在前三位的分别是：发微信、打电话和发手机短信。塔吉克人在特殊的环境中特别注重内群体中亲戚朋友及同事之间的交往，各种微信群正好满足他们内群体交往的需求。问卷调查显示：84.49%的人加入过微信群，50.94%的人自己拉过微信群。除了常见的朋友群、同学群、同事群等，还有几种塔吉克人使用的微信群值得关注，如下：

（1）家族群

使用微信的塔吉克人大多加入了家族亲戚群，帕米尔高原塔什库尔干县的塔吉克人有自己族群的口语但没有文字，他们一般在亲戚群用塔吉克口语进行语音聊天，发各种图片，有时候发红包，有的塔吉克青少年通过微信语音向长辈学习波斯语。在调查中发现，塔吉克人的微信好友从几人、十几人到几百人不等，一般使用手机的农牧民的微信好友在20人左右，但他们会加入几个群，最常使用的是家族群。40岁的牧民PHTK有17个好友，但他加入了5个微信群，他的亲戚群里有25个人。在县城开店的MNR今年30岁，她有137个微信好友，加入了五六个微信群，她的亲戚群里有21个人。35岁的DLTAL在县城某事业单位工作，他的微信好友有200多人，加入了9个微信群，他的亲戚群里有33个人。24岁的塔吉克青年TL前年从乌鲁木齐一家职业技术学院毕业回到塔什库尔干县，他在塔什库尔干县属于重度使用网络用户，有300多个微信好友，加入了12个微信群，他的亲戚群里有27个人。

［**个案4-6**］TL（男，24岁）：在微信群中交流比较自由，和长辈说话比在生活中说话感觉更自在。

（2）护边群

塔什库尔干县与巴基斯坦、阿富汗、塔吉克斯坦接壤，是中国唯一与陆地三国接壤的边境县，边境线长达888千米。塔吉克护边员的形象在媒体上多有呈现，在海拔5000米中巴边境红其拉甫口岸附近，塔吉克人拉齐尼一家三代自愿护边的事迹在中新网、搜狐网、新华网、凤凰资讯、亚心网等各大网站均有报道，在新疆地方媒体官方微博、个人微博、贴吧、官方或个人创办的微信公众号上也有转发或报道。塔吉克人有全民护边的传统，塔吉克的人无论从事什么职业，普遍认同塔吉克人是天生的"护边员"。在很长的时间里，塔吉克人护边都处于自愿、自发的状态。尤其是牧民，他们在放牧的同时，具有协助政府相关部门、边防官兵护边的意识。随着社会的发展，塔吉克人"护边员"的身份逐渐被正式化、制度化。政府出台相关政策，组建护边员队伍，给予相应的管理和补助。2016年开始提倡"微信护边"，给护边员发智能手机，在乡镇以村为单位建护边微信群，要求护边员必须使用微信，每天在微信群发自己观察到的边境情况，大家在微信群里讨论有无异常，应该采取什么办法应对，等等，如果不使用微信就会被取消护边员资格，这项举措促使一些以前不会使用智能手机的牧民主动学习使用智能手机上网并使用微信群。前面提到的40岁的牧民PHTK有17个微信好友，他加入的护边群里有6名护边员，每人目前一年可领到360元补助，他还加入了一个边防警务群，里面有六十几个人。他和他的哥哥MLXJ以前都不使用智能手机，现在都学会了使用智能手机上网，因为不使用智能手机、不会上网、不使用微信就会失去护边员的身份。PHTK和他的哥哥在同一个护边群，通过微信群的使用，他们之间的社会关系除了以前的兄弟关系，还增加了具有同事性质的关系。

（3）兴趣群

塔吉克人有突出的兴趣爱好，最突出的是音乐，对没有族群文字的塔吉克人来说，音乐是塔吉克人自我表达的重要方式。塔什库尔干县有很多喜欢音乐的人，他们平时可能是县委宾馆的厨师、某单位的保安、电信公司的职工或放牧种地的农牧民，但他们一有空就创制音乐。目前塔什库尔干县有"Tajik 看世界""Yaktaj 综合平台""Tajikan""TajiDaR"等塔吉克人创办的微信平台，以发布塔吉克人的原创音乐作品为主要内容。"Tajik 看世界"微信公众号专门发布了创建"塔县音乐爱好者"微信群的信息，让感兴趣的朋友扫码进群，分享自己喜爱或原创的音乐作品。

除了音乐群，在塔什库尔干县比较突出的兴趣群还有"摄影群""历史群"等。笔者在田野调查中发现，塔什库尔干县目前有一些专门讨论帕米尔高原塔什库尔干地区塔吉克人历史文化的微信群，群成员大多在内地或疆内上过大学，他们很注重本族群的历史文化，在群里发与塔什库尔干地区塔吉克人或中亚塔吉克人相关的历史文化的图片，发起相关话题的讨论。另外，还有塔什库尔干县年轻人根据共同的兴趣爱好组建的"印度电影歌舞共享微信群""印迷时尚群"等。

塔什库尔干县各种类型的内群体微信群对传统交往方式产生了较大的影响，突破了以往以家庭亲属关系为主的内群体交往模式，产生了以网络媒介为连接工具的，以职业、兴趣、婚恋需求等为目的的新型交往类型，进而产生新的社会关系和社会身份。

4. 消费与销售

（1）网络购物

塔吉克人有自己传统的消费习惯，在衣食方面有自己的一套法则，在这个法则中体现了他们的经济状况、民族特点和家庭权力关系。随着对网络媒介使用的熟练和网络购物的兴起，塔吉克人对网络购物的态度逐渐由怀疑观望过渡到积极购买。塔吉克人经常在网上购买的物品中，排在前五位的依次是服装、手机等电子产品、家居针织用品、家具、食品。服装和食品分别列在网购的第一位和第五位。

在服饰习俗方面，塔吉克人传统服饰在色彩和制作上都有讲究，没有明显的季节区别，主要是家庭缝制。一般要求家庭成员穿着民族服饰，特别是家中女性和小孩。女性一般要求穿裙装，已婚女性必须戴塔吉克帽子，未婚女性在节庆时必须戴，平时可戴或不戴。对男性也有一些穿着上的要求。

[个案4-7] XKE（男，24岁）：我去乌鲁木齐上学第一次回来的时候，头发留长了一点，烫了一下，回家被父母骂。你看我里面穿衬衣，外面穿这种西装领的皮衣，头发烫了点卷，几年前这种穿着打扮在塔县被认为是流氓。我喜欢穿得时尚一点的女孩，我们这里有些家庭管得紧，要求女孩穿塔吉克的传统服装，我现在也从网上给我女朋友买衣服，她父母不大喜欢，她有时候会穿。

网络购物的兴起对塔吉克人的穿衣习惯产生了影响，年轻人有了更多的穿着自主权。网络购物一般由家中年轻人甚至上小学的孩子们操控，因为他们懂得互联网技术，会使用支付宝、微信、手机淘宝等完成网上购物行为。如果说在以往的生活中长辈具有更多的购物经验，在网络空间中，青年人甚至孩子比长辈具有更多的购物经验，当他们通过网络购买到比父母在商店购买的更物美价廉的商品时，他们将会逐渐获得一些在家庭生活中的权利。比如下面的案例：

[个案4-8] THTBK（男，13岁）：我喜欢外国的西装，还有巴基斯坦的服装。我会在网上买鞋、手机、衣服什么的，我买的比我爸爸在商店里买的便宜又好看，他也让我在网上给他买了。（问：不害怕买到假货，质量不好吗？）不怕，可以七天内退货。

[个案4-9] NEBY（女，20岁）：我喜欢在网上买衣服，比我们这里商店的好看，以前我父母不喜欢我在网上买衣服，现在我妈妈也让我在网上给她买穿在里面的衣服。

笔者在塔什库尔干县瓦恰乡调查时遇到一位妇女询问笔者身上穿的衣

服是在哪里买的,当笔者告诉她在网上买的时候,她拿出100元钱请笔者在网上帮她买一件同样的衣服。笔者在田野调查中发现在网络媒介的使用对少数民族族群的服饰消费影响方面,哈萨克族和柯尔克孜族中也存在相似的现象。

[**个案4-10**] BBX(柯尔克孜族,女,22岁,大四学生,家住阿图什哈拉峻乡琼哈拉峻村):我家在乡里,小时候穿民族服装的比较多,现在一般是岁数大一点的人穿民族服装,年轻人平时都不穿的,过我们的节日的时候可能穿,城里大家都穿得差不多,很少穿民族服装的,都是现在流行的。

问:你们那里可以安Wi-Fi吗?

B:可以,不过我们一般都不安,现在用手机上网都不限流量了。

问:你们买衣服一般到什么地方买?

B:到乡里、县里买的也有,一般带老人、小孩去买,在网上买的也很多,我在网上也给家里人买衣服。

调查发现,哈萨克族和柯尔克孜族所处的地理环境中,大部分地区相对于塔吉克族在较长一段时间内交通要方便一些,与外群体成员的接触相对频繁,网络媒介的使用带来的对服饰习俗的影响没有在塔吉克族中那样明显。虽然目前部分塔吉克人家庭仍然会要求子女穿着民族传统服装,但从塔吉克人结婚礼服穿着时间由规定的婚后一年逐渐缩短为现在的1—3个月,已婚妇女除要求戴塔吉克帽子外服装逐步现代多元,以及未婚青年男女普遍穿着自由等现象可以看出,长辈的控制权已逐渐向年轻人的自主权妥协,在这个领域,原本的权利关系、代际关系发生改变,人们的身份认知也产生变化。

在食物方面,塔吉克人有自己的传统,食物一般是自家所产,牧区的食物以奶制品、面食、肉为主,农业区以面食为主、奶制品和肉食为辅。家庭饮食方面一般由家中年长女性安排。随着网络媒介的使用，塔吉克人的饮食越来越多元化，家中年轻人和小孩也加入到生活上的饮食安排中，比如：

[**个案 4-11**] ZRFSLT（女，13 岁）：我爸爸是乡里的厨师，我妈妈比较忙，她中午不回家，我爸爸下午没什么事，会回来给我们做饭。我爸爸去喀什学过厨师，他回来做的饭很好吃，他会做红烧肉、米饭、炒菜、抓饭什么的。我小学五年级第一次上网，在阿姨家，她是老师，后来我回来拿爸爸的手机查红烧肉的做法，然后让爸爸给我做。

[**个案 4-12**] MMTRZ（男，28 岁）：我在网上看到说海鲜好吃，我就在网上买了一些虾仁让家里人做来吃，结果他们放到电饭煲里和干饭一起煮了，不好吃！我要查一查虾仁怎么做给他们说一下。

虽然国内快递到塔什库尔干县少则七八天，多则半个月二十几天，但网络上可以提供更多更合算的消费选择来满足塔吉克人的消费需求。网络媒介在生活实践中的使用对传统塔吉克人家庭服装、食物消费倾向以及在家庭生活中衣食安排权力的再分配产生着影响，也在逐渐改变着人们对于传统服装、饮食习惯的观念。

（2）电子商务

网络媒介的使用在塔吉克人的日常生活中起到连接消费的桥梁作用，除了网络购物，在网上销售，尤其是做微商也是塔吉克社会新兴的一种现象。传统的塔吉克社会经济是以畜牧为主、农耕为副，塔吉克人经商的极少，以往在塔什库尔干县开店经商或来往经商的主要是维吾尔族人和汉族人。塔什库尔干县城商店的标牌具有鲜明的特点，一般汉族人开的商店的店名牌上面一行是字体较大的汉字，下面一排是字体较小的维吾尔文字，维吾尔族人开的商店的店名牌上上面一行是字体较大的维吾尔文字，下面一行是字体较小的汉字。近几年在县城里开商店的塔吉克人逐渐增多，还有一些塔吉克人开微店，在微信朋友圈里卖洗护用品、保健品、手机等。

尤其值得关注的是，一些塔吉克族女性开始在县城开店经商或做微商。一些原本在当地学校或事业单位工作的女性也在微信朋友圈里做微商。当地政府也在组织一些相关的培训。在对塔吉克族使用网络媒体做电子商务情况的调查中显示女性做电子商务的情况与男性大致趋同，女性在网上做电子商务的占比为17.3%，男性为13.5%，女性还略高于男性。现在没有做，但以后打算做电子商务的女性占比为29.1%，男性为30.2%，现在没有做，以后也不打算做电子商务的男性为56.3%，女性为53.6%。塔吉克社会女性社会化程度的提升正在带来女性地位和女性社会角色的改变。相对于传统塔吉克社会女性被禁止参加社会工作的状况，对于塔吉克女性来说，利用网络媒介从事经商，直接促成自身新的社会身份的产生。

（二）搜索性使用

搜寻引擎和即时通信、网络新闻被视为网络新技术的三大基础应用，也是和网络媒介使用者日常生活联系最紧密的应用。对塔吉克人网络用户使用行为的调查显示，塔吉克人网络应用排在前三位的依次是：在网上购物、搜索所需信息、浏览新闻资讯。根据中国互联网络信息中心发布的第40次《中国互联网络发展状况统计报告》，截至2017年6月，中国网民个人互联网应用排在前三位的依次是：即时通信、网络新闻、搜索引擎，其中搜索引擎的网民使用率是81.1%。对比可见，塔吉克人对网络媒介技术的基础应用与中国网民大致趋同，主要集中于网络媒介技术的连接性、搜索性和内容性使用，在趋同中又有细微的区别，在连接性使用中，塔吉克人更倾向于消费性连接，搜索性使用在塔吉克人网络媒介技术的应用中占据重要地位。对搜索功能的应用需求突破了地域空间的局限，满足了塔吉克人希望建立更多的社会交往关系、向外探索求知的愿望和需求。

1. 使用"附近的人"搜索添加好友

笔者在田野调查中了解到，使用微信中"附近的人"搜索添加来自内群体或外群体的微信好友，在塔吉克人中是比较常见的一种网络媒介使用方式。由于塔吉克人社会属于典型的以亲属、地缘关系为基础构成的"熟人社会"，人与人之间的信任度高，在大城市被视为有特殊男女交往目的的微信中"附近的人"的使用被塔吉克人用来拓展自己的社会交往范围。不论同性、异性、塔吉克人还是非塔吉克人都可以利用"附近的人"添加好友，有的塔吉克人会利用"附近的人"主动向来塔什库尔干县旅游的外群体中的人发出好友添加申请，有时会利用"附近的人"来看看附近有没有自己的熟人或朋友。在很长的一段时间里，由于传统制度和宗教教规的限制，塔吉克族女性与异性交往也受到严格的限制。比如在以往男女交往中，即使作为普通朋友，一般都是男性主动联系女性，而女性主动联系男性会被认为不守规矩。在使用网络媒介的过程中，人们反而认为通过手机上网认识男女不分先后，谁主动都是比较正常的，女性也可以通过"附近的人"添加男性好友。

[**个案4-13**] HXGL（女，22岁）：我通过"附近的人"加微信好友认识了一个在乡里政府工作的男孩儿，是我先和他打招呼的，我们见过一次面，他不喜欢我，我很伤心。

可以看出，在使用网络媒介的过程中，人们有了更多的拓展社会交往关系的需求，塔吉克族男女在人际交往中逐渐趋于平等，这也和网络媒介的开放性、连接性特征有关。在以网络媒介技术为中介的交往过程中谁享有交往的主动权，不是由性别来决定的，而是由谁率先使用网络媒介新技术来决定。在较长的一段时间内，添加"附近的人"对于塔吉克人来说是一种朴素自然的交友方式。但笔者也注意到，这种利用"附近的人"交友的方式也在发生变化，人们开始认为有些人利用"附近的人"添加好友是抱有不道德的想法。

［**个案 4-14**］NS（女，22 岁）：以前我用"附近的人"加了几个好友，很好，现在会有些道德不好的人了。

2. 了解外面的世界

网络媒介的搜索功能可以满足塔吉克人对外面的世界的主动性探求欲望/愿望，他们比较喜欢搜索一些外面世界的奇闻逸事，了解别的民族的穿着打扮、生活等与塔吉克人有什么不同。例如：

［**个案 4-15**］GLSH（男，23 岁）：上网查一些神奇的东西，看到有一种机器人，可以打扫房子。

［**个案 4-16**］MYE（男，13 岁）：有时候用爸爸的手机上网，查别的民族的服装，很想看别的民族的服装。

［**个案 4-17**］AMX（男，37 岁）：喜欢去查一些我们这里没有的东西，比如说一些奇怪的动物、一些别的国家的房子什么的。

［**个案 4-18**］THTBK（男，13 岁）：我喜欢阿拉伯的东西，他们穿白衣服，老师说他们那紫外线太强，太热，穿黑衣服会吸热，会热死。我在地理书上看到的。然后我去网上查他们吃什么。

3. 了解和本族群相关的历史文化

塔吉克人了解本族群的历史文化主要有几种方式：口耳相传，收看本族群文化名人在当地电视台做的塔吉克历史文化类节目；参观塔什库尔干县塔吉克民俗博物馆；在日常生活中尤其是节庆活动中感知。这几种方式在时间进程中面临不确切、不稳定、不完整的问题，不少塔吉克人感叹塔吉克两位本土文化名人在 2016 年底至 2017 年初的四个月内相继去世，在塔什库尔干县，知道自己历史文化的塔吉克人越来越少了。帕米尔高原塔什库尔干县塔吉克人在文化上和塔吉克斯坦有一定的联系,问卷调查显示,关于搜索与塔吉克斯坦相关知识和信息的问题,44.12%的人会经常搜索,48.21%的人会偶尔搜索。年轻人喜欢通过网络去了解和本族群有关联的历史文化。

[**个案4-19**] ABBL(男,16岁):我有时上网查一些和波斯语有关的东西,我爷爷就会说波斯语,我想知道波斯语和我们有什么关系。

[**个案4-20**] ZHRP(男,27岁):想知道我们是什么时候从哪里来到这里生活的,想知道新疆少数民族的一些情况,就去网上看看。

4. 辅助学习

通过搜索引擎帮助解决工作上、学习上的一些知识和技能上的问题也是比较普遍的应用。

[**个案4-21**] RJP(男,33岁):主要找专业影像资料,找软件,制作影音视频,这些都和我的工作有关。

[**个案4-22**] GLXT(女,14岁):现在经常用电脑在网上找一些学习的东西,主要是语文作文这些,记好词好句,背一些好作文。很崇拜玩电脑的同学,有个上海来的汉族同学能找到我们找不到的东西,但他不告诉我们找的方法。

[**个案4-23**] XKTK(男,29岁):喜欢音乐,自己也做音乐,有时候下载印度、巴基斯坦、美国、塔吉克斯坦等(国)各种音乐来听,也是学习。

笔者在田野调查中发现,利用网络搜索辅助学习成为很多孩子向家长提出购买电脑的理由。当笔者带着iPad去学生家家访时,学生们通常会在家长面前使用笔者iPad中的离线学习软件,向家长表示这个"小电脑"是可以用来学习的。

对网络媒介的搜索性使用表现出塔吉克人对外部世界主动探索的愿望,

对外界探索的过程正是一个触动和唤起自我意识的过程，往往自我认知行为在这个过程中开始启动。

二、赋能器与人的互动

塔吉克人在日常生活中对网络媒介的使用突出地表现为对网络媒介的连接功能和搜索功能的充分地、创造性地应用。通过上文对塔吉克人在日常生活中的具体使用情况的描述和在使用行为层面上的分析，可以看出在网络媒介使用的过程中塔吉克人社会关系、社会环境、社会身份悄然发生着变化。但本书的目的不是对行为的简单描述，而是要解释这些使用行为的意义，分析在使用行为和自我认知过程中，媒介技术、使用者和其他变量是如何作用的，变量之间的关系是怎样的。尽管极少有人在开始使用网络媒介的时候就有意识地把自己的使用行为和自我认知联系起来，但从接入互联网并使用的那一刻开始，自我认知就在客观上开始启动了，尤其是利用网络媒介进行的连接性、搜索性使用方式，让塔吉克人有更多的机会与外群体相遇。对外面的世界进行探索，对"我是谁"的思考和追问，往往来自与外界的接触，在这个过程中，塔吉克人的自我意识有可能被唤起，自我认知行为可能从无意识过渡到有意识。在对网络媒介进行连接性使用和搜索性使用的过程中，塔吉克人的自我认知突出地体现在与性别和年龄密切相关的两个领域，同时表现出明显的从"传统人"到"现代人"的身份诉求。在传统社会中处于弱势地位的女性和青年人逐渐打破以往单一、固定的身份，具有了追求自主性、独立性和获得更多新的社会身份的可能，比如青少年对自己穿衣打扮和食物喜好有了更多的自主权，突出自己从"传统人"到"现代人"的身份转变；青年男女在婚恋方面争取到的前期交往的相对自由；女性上网进行社会交往，萌发经商意识或开始在网上做微商，突破在传统社会中"家庭妇女"的单一身份，等等。在这个过程中，权力关系的变化是最关键的一环。

从网络媒介的使用到自我认知，这个过程是如何进行和实践的？北京大学师曾志教授提出的"赋权器"概念和相关理论阐述为本书分析解读塔吉克人的网络媒介使用行为与自我认知的过程实现提供了思路。师曾志教授在《新媒介赋权及意义互联网的兴起》中提出"赋权器"的概念并指出，"赋权器表面上是指渠道、技术、工具、手段、介质、知识等，但实际上它是有着时空延展性的内容与渠道的结合体。用利奥塔尔的话说：'它生产的不是已知，而是未知。'"[①] 师曾志教授提醒大家注意："赋权器还有一个最核心的要素是速度……在一定程度上，它摆脱了既有场域的限制，在失控中获得超越现实场域的一种张力和自由，正是在这个过程中实现赋权。"[②] 随着网络新技术的不断更新迭代和网络媒介使用者媒介素养的提升和自我意识的发展，网络媒介使用者在使用的过程中主动性和创造性不断增强，网络媒介的赋能功能日益凸显，实现了从"赋权"到"赋能"的转换。塔吉克人生活的环境是一个相对封闭、有自己稳定的社会文化传统的场域，网络媒介在塔吉克人的使用和自我认知的过程中也由"赋权器"向"赋能器"的角色转变。网络媒介使时间加速，打破了这个场域的固有环境模式，带来社会关系的变化和产生新的社会身份的可能。以网络媒介的即时性、连接性、搜索性等技术特性为依托的使用过程就是自我认知的过程。在这个过程中，时间、空间、资源、资本、权力、社会关系、自我意识等变量参与进来，发生物理运动和化学反应，最终指向社会环境的变迁和自我身份的建构。我们要追问的是：从赋权到赋能，从赋能到自我认知，各种变量的运动和反应是如何发生的？

---

① 师曾志，胡泳.新媒介赋权及意义互联网的兴起[M].北京：社会科学文献出版社，2014：20.
② 师曾志，胡泳.新媒介赋权及意义互联网的兴起[M].北京：社会科学文献出版社，2014：20.

(一)从时空秩序的变化到场域的转换

英尼斯认为媒介具有时空偏向,认为倚重时间媒介的文明固守传统,强调连续性,紧守神圣的信仰和道德传统,有利于权威的树立。印刷术发明之后的媒介,则具有空间的偏向,与此相关的文明强调地域扩展,传播游走于不同的空间,关系与意义在跨空间中生产与传播,有利于人们反思传统和质疑权威。① 作为"赋权器"的网络媒介具有鲜明的技术特性和技术偏向。网络媒介的即时性、连接性、搜索性等特性超过以往任何传播媒介,具有瞬间跨越时空的能力,形成了一种新的技术性偏向,使原有时空场域中的权力关系、社会关系发生位移,带来权力关系和社会关系的重新生产与再分配,传统与权威面临解构与重构。

以畜牧为主、农耕为副的社会经济是塔吉克人传统社会文化的特征之一。在传统塔吉克社会,经验和资源的占有情况与中国传统乡村社会相似。传统社会的人对生产、生活的经验高度依赖,一方面这些经验的获得主要依靠时间的积累和长者的传授;另一方面由于空间的固定和局限,经验和资源在固定空间流动,很难实现增量。从外界获得经验和资源几乎不可能,这跟中国传统乡村社会相似,"特定的血缘关系和亲属关系形成了传统社会的'地位',家庭中的长者和族群中的大家族是经验和资源的主要占有者,族老由于出身就在整个村落家族血缘关系的中心,因而他们便拥有权威"。② 每个人都"命定"在这种先赋身份的关系中生存。塔吉克人对网络媒介的连接性使用和搜索性使用打破了与外群体联系交往的时空限制,突破了以往经验和资源获得的单一途径,通过连接和搜索可以将外界的资源和经验、知识等带入这个固有的地域空间和社会环境中。

值得注意的是,经验、知识、资源在一定条件下可以转化为"资本","资本"是使网络媒介作为"赋权器"的赋权得以实现的关键变量。布迪

---

① 哈罗德·英尼斯.传播的偏向[M].何道宽,译.北京:人民大学出版社,2003:15.
② 王沪宁.当代中国村落家族文化——对中国社会现代化的一项探索[M].上海:上海人民出版社,1991:140.

厄将"资本"划分为三种类型：经济资本（可以直接转换成金钱）、文化资本（如教育或者职业证书）和社会资本（如社会地位和联系）。① 布迪厄等认为，"每个特定的场域内部都存在为争夺相应的位置而界定的斗争，而决定这些位置的因素主要是资本，资本的多寡构成了权力的作用强度"②。塔吉克人生活的环境正是布迪厄所说的"那种相对自主的空间，那种具有自身法则的小世界"③，是独特的"场域"，网络媒介的使用带来经验、知识、资源获得方式的改变，经验、知识、资源等可以转化为布迪厄归纳划分的三种资本类型，这三种资本类型之间可以互相转化，每一种资本占有量都与人的身份的建构密切相关。在这个过程中，特定场域中原有的资本分配和占有量发生变化，人们在社会环境中出现位移现象，固有权力关系和社会关系重新调整。整个社会环境发生改变，原有的社会身份可能消失，新的社会身份在这个过程中产生。

塔吉克人对网络媒介各种形式的连接性使用和搜索性使用对"资本"的增量产生影响。最为直观的现象是年轻人和女性使用网络媒介做微商，可以直接带来经济资本的增加，并在此过程中建立起新的社会身份。更多的时候，自我认知并没有如此直观地呈现，而是在经济资本、社会资本和文化资本的转化之中悄然进行的。从塔吉克人利用网络媒介与外群体成员进行交往的情况看，通过 QQ、微信等社交媒体的使用，可以结交到更多的本地空间以外的外群体的朋友，获得更多的社会资源，这些社会资源可能转化为社会资本，而社会资本也可能转化为经济资本。比如本书案例中的 15 岁塔吉克男孩 AXT 通过网络与支教老师长期交往联系，从支教老师那里获得的知识、信息和帮助都具有转化为文化资本、社会资本和经济资

---

① 马克·格兰诺维特，理查德·斯威德伯格. 经济生活中的社会学[M]. 瞿铁鹏，姜志辉，译. 上海：上海人民出版社，2014：98.
② 皮埃尔·布迪厄，华康德. 实践与反思——反思社会学导引[M]. 李猛，李康，译. 北京：中央编译出版社，1998：17.
③ 皮埃尔·布尔迪厄. 科学的用途——写给科学场的临床社会学[M]. 刘成富，张艳，译. 南京：南京大学出版社，2005：30.

本的可能。另外，利用网络媒介组建微信护边群、爱好群等也改变了以往内群体交往以家庭、血缘关系为主的单一的交往形式，增加了以职业、爱好等维度构建的新的人际交往关系，可以促进群体内社会关系的再生产和社会资本的增量，促使新的社会身份产生。

在婚恋交往方面，也可见网络媒介的使用带来的婚恋自主权的增加，这个过程是一个资本转化和资本占有量发生变化的过程。年轻人因为掌握了网络媒介技术，具有更多的文化资本，可以通过微信、QQ等方式与异性认识和交往，节省了全靠媒妁之言的经济资本和社会资本，长辈也默认了这种前期交往方式对传统的媒妁之言的补充和逐步替代。虽然大家庭中的家长拥有的经济资本和社会资本仍占优势，婚姻的最终决定权仍在长辈，但年轻人因为使用网络媒介带来文化资本、社会资本的增加从而为自己争取到一些婚恋中的主动权，改变了年轻人在缔结婚姻关系中的固有角色。

相对于年长者，年轻人虽然在社会资本和经济资本的占有量上有限，但在文化资本占有量上具有优势，从这个角度来看，网络媒介新技术是偏向于年轻人的技术，因为年轻人更易于掌握网络媒介使用的技术。例如在网络消费方面，年轻人因为掌握了网络媒介使用技术、积累了丰富的网购经验，可以买到比长辈购买的更价廉物美的商品，直接节约了经济资本，这也为自己争取到在家庭生活中一些衣食方面的自主权，建构起在家庭生活中的新身份。柯克·约翰逊在考察电视对印度乡村社会的影响时曾谈到电视改变了以往由年长者和权势者掌管经验和信息的状况，年轻人因为能从电视上获得经验和信息，动摇了年长者和权势者的权威地位，他们对这种状况很不满，认为年轻人变得傲慢了，但又无能为力，只有让出自己的一部分权力。[①] 与电视不同的是，网络媒介不仅是让人接受信息，随着网络技术的不断更新迭代，使用者还可以通过"连接""搜索"以及网络的"推送"等，获得更多的信息、经验、知识以及人际关系等资源。这些资源具有

[①] 柯克·约翰逊.电视与印度乡村社会变迁：对印度两村庄的民族志调查[M].展明辉，张金玺，译.北京：中国人民大学出版社，2005：118-121.

转化为各种"类型"的资本的可能,从而改变传统社会关系中成员的资本占有量,改变社会成员在原有社会关系中的位置和权力关系,促使由固有的地理环境、自然环境和社会文化环境规定的"传统场域"向网络媒介与日常生活互嵌的"新的场域"转换。"新的场域"是一个过程而不是结果,在"新的场域"中人的自我感知、认知发生变化,自我认知成为可能。

(二)从技术赋能到自我赋能

从对帕米尔高原塔什库尔干县塔吉克人的网络媒介使用与自我认知的考察来看,网络媒介作为"赋能器"带来权力关系、权力流动方式改变的可能。正如师曾志教授谈到网络新媒介赋权时所说:"新媒介赋权的今天,社会关系以及社会结构中的权力关系发生了变化,过去不占有主导地位的组织和人,有了获得权力、权威、机会、资源的可能。"[①]在新媒介发生作用的过程中,人的主观能动性发挥作用,并将之凝练为"自我赋能"。在塔吉克人的网络媒介的使用和自我认知的过程中,塔吉克人对网络媒介的积极接受和主动探索性使用乃至创造性地使用起到了关键作用,这也可以理解为一个自我赋权和赋能的过程。自我赋能不是主动、天然地赋予你权力,而是自我意识和自我能力的自觉与提升。它需要人能够不断学习、感知和体验,自觉对孤独、恐惧下的屈从知识进行抵制。自我赋能的概念中,除了行为、态度以及行动的赋能,还有心理上的、能力上的赋能。

塔吉克人在日常生活中使用网络媒介的过程也是一个接触、学习、探索的自我赋能的过程。塔吉克人的自我赋能首先需要一些上网基础技能的学习,比如学会打字、下载使用 App 等。塔吉克人没有书面文字,在平时的家庭生活中多使用塔吉克口语,在上网时多使用汉字和维吾尔文,少量使用英文。对文化程度较高的人来说打字不成问题,但随着网络媒介使用普及程度的提高,一些以前不会打字上网的塔吉克人也在进行主动学习,通过学习掌握的上网技能可以满足自己的上网需求。从某种程度来说,只

---

① 师曾志,金锦萍编著.新媒介赋权:国家与社会的协同演进[M].北京:社会科学文献出版社,2013:12.

有当网络媒介新技术被掌握和使用时,"赋能器"的作用才真正开始启动。塔吉克人对网络媒介的使用,无论是进行社会交往、婚恋交往、网购,还是处理工作与家庭事务、创业等,都体现出对网络新技术的主动学习和积极的使用。可以认为,赋能是一个"减少无能感"的过程,在自我赋权和赋能的过程中,长幼、男女等身份边界逐渐模糊,相应地,因为年龄、性别等在传统社会中受到的权力分配的绝对限制逐渐模糊,取而代之的身份是他(她)是不是能使用网络媒介新技术的人。

麦克卢汉说:"每种技术形式都是我们最深层的心理经验的反射。"[①]相应地,对技术的使用形式也是我们心理需求的映射。人在本质上有对自主、独立以及平等的追求,"'赋能'常常与参与、权力、控制、自我实现和影响联系在一起"[②]。塔吉克人使用网络媒介的自我赋能的过程是一种自觉或不自觉的自我救赎的过程,对个体来说是如此,对作为群体的塔吉克人来说也是如此。自我救赎的过程是一个从感知到行动的过程,正如马克斯·韦伯(Max Weber)所说:"单靠祈求和等待,只能一无所获。我们应当采取不同的行动。"[③]因此,从自我赋权到自我救赎既是行动的过程也是行动的结果。

塔吉克人对网络媒介的技术性使用与自我认知的实践过程展现了一个技术赋能与人的主观能动性双向互动的过程。在这个过程中,技术、资本、权力、社会关系等变量参与进来共同作用,带来资本、权力的转移与社会关系、社会身份的再生产。网络媒介在这个过程中扮演着"赋权器"的角色,这是由网络媒介具有的开放、连接、互动、无中心、去权威等技术特性决定的。网络媒介具有的这些特性为人的自主性、独立性的获得以及人

[①] 埃里克·麦克卢汉,弗兰克·秦格龙著. 麦克卢汉精粹[M]. 何道宽,译. 南京:南京大学出版社,2000:422.

[②] J. Josson. Beyond Empowerment: Changing Local Communities[J]. International Social Work, 2010, 53(3):393-406.

[③] 马克斯·韦伯. 学术与政治[M]. 冯克利,译. 北京:生活·读书·新知三联书店,1998:49.

与人之间身份、地位平等的实现带来可能,但可能仅是一种可能,并不等于现实,正如汉娜·阿伦特(Hannah Arendt)所说,"权力不能像武器一样贮存起来以应付紧急状况,它只存在于其实现中。在权力没有得以实现的地方,它也就不存在"①。在塔吉克人对网络媒介的技术性使用和自我认知的关系中,技术本身并不是点金术,它需要人的积极主动地拥抱,才可能发生化学反应,身份固化的状况才能得以突破,促使自我认知由可能转化为行动。

本章小结

本章主要关注塔吉克人在日常生活中基于网络媒介技术特性的连接性、搜索性使用行为,并从这一层面探讨"网络媒介的使用与塔吉克人自我认知"的相关问题。塔吉克人利用网络媒介的技术特性进行的连接性使用主要体现为:连接外群体的社会交际、进行婚恋交往、建立内群体微信群(家族群、护边群、兴趣爱好群)、网络消费与销售(网络购物、做微商)等。搜索性使用则主要表现为:使用"附近的人"搜索添加好友、了解外面的世界、了解和自己相关的历史文化、辅助学习等。

由于特殊的地理环境和严酷的自然环境,孤悬于一隅的塔吉克人在很长一段时间内生活在一个相对封闭的具有自身法则的小世界中,极少与外群体成员接触,和内群体成员的交流也主要是以血缘关系为基础的亲属之间的交往。塔吉克人基于网络媒介技术特性的连接性、搜索性使用,突破了在以往社会环境中所受的时间、空间的限制,产生了新的社会关系,带来固有社会环境中资本转化方式和资本占有量的变化,使传统社会环境中牢不可破的权力关系出现松动、身份固化现象得以改变,这种变化主要体现在年龄和性别两个领域内,掌握了网络媒介使用技术的年轻人和女性具

---

① 汉娜·阿伦特.人的条件[M].竺乾威,等译.上海:上海人民出版社,1999:200.

有了改变资本占有量、获得新的社会身份的可能。在塔吉克人对网络媒介的连接性、搜索性使用过程中，网络媒介扮演着赋权器和赋能器的角色，对塔吉克人的自我意识起到唤起作用，塔吉克人对待网络新技术的主动态度是唤醒自我意识以及实现从技术赋权、赋能到自我赋权、赋能的关键，正是在这个过程中，自我认知和建构从可能转化为实践行动。

第五章
网络空间中的符号生产与形象传播

主体的文化身份（cultural identity）主要是指个人根据自己所处的文化背景和文化传统确定自我的方式。① 斯图亚特·霍尔认为，在理解文化身份时，至少有两种不同的思维方式。第一种强调文化身份的继承性、稳定性，把"文化身份"定义为"一种共有的文化，集体的'一个真正的自我'，藏身于许多其他的、更加肤浅或人为地强加的'自我'之中，共享一种历史和祖先的人们也共享这种'自我'"②。按照这种思维，文化身份反映的是共同历史经验和共有的文化符码，"提供在实际历史变幻莫测的分化和沉浮之下的具有稳定、不变和连续的指涉和意义框架"③。第二种立场注意到文化身份中的差异点、变动性，认为"这些深刻和重要的差异点，他们构成了'真正的现在的我们'；或者说——由于历史的介入——构成了'真正的过去的我们'，我们不可能精确地、长久地谈论'一种经验，一种身份'，而不承认它的另一面"④。在对文化身份的第二种理解中，文化身份既是"存在的"又是"变化的"。霍尔认为，"它属于过去也同样属于未来，它不是已经存在的超越时间、地点、历史和文化的东西。文化身份是有源头、有历史的。但是，与一切有历史的事物一样，它们也经历了不断

---

① 文化认同［EB/OL］. 媒介研究词典，http://www.credoreference.com/entry/5888456.
② 罗钢，刘象愚主编. 文化研究读本［M］. 北京：中国社会科学出版社，2000：209.
③ 罗钢，刘象愚主编. 文化研究读本［M］. 北京：中国社会科学出版社，2000：209.
④ 罗钢，刘象愚主编. 文化研究读本［M］. 北京：中国社会科学出版社，2000：211.

的变化。它们绝不是永恒地固定在某一本质化的过去,而是屈从于历史、文化和权力的不断'嬉戏'"①。根据霍尔的论述,对于文化身份而言,意义总是被"延宕"的,文化身份需要历史的积淀,但不是过去的再现,它是一种"生产",永远处于过程之中。霍尔对文化身份具有的同一性、继承性、差异性、变动性、建构性的认识为本章的论述提供了思想基础。

塔吉克人生活的塔什库尔干地区处于以中华文化为主体的,波斯—中亚塔吉克文化圈和中国文化圈的重合处,他们在客观上受到多元一体文化的影响,在文化身份方面具有复杂性和多层次性。在前现代社会,他们生活在封闭自足的环境中,虽然处于"丝绸之路"的要道上,但与外界的交流限于匆匆来往于此地的商旅行人等,不会有意识地去关心自己的文化身份问题。到了现代社会、尤其是进入网络时代,信息交流频繁,把外面的世界带进帕米尔高原上塔吉克人原本相对封闭、单纯的生活空间,塔吉克人的文化、生活、形象等也被带入外面的世界。正是在与"他者"的相遇中,塔吉克人开始思考自己是谁,产生了追寻自己文化身份的意识。应当注意的是,在信息急剧流动的全球化网络空间中,塔吉克人面临着族群文化身份消散的危机。一方面,塔吉克人在网络化的"地球村"中需要自己的族群身份名片去进行信息的交流,获得一种承认,如果没有自己的族群文化身份,就可能成为无身份的个体或群体,这将直接威胁到塔吉克人的本体安全感、存在感和归宿感;另一方面,从族群的社会经济发展来看,族群文化身份的丧失也会影响到国家在经济发展方面的政策扶持和外部经济资源的进入。

在传统媒介时代,塔吉克人的族群文化身份在公共空间的媒介呈现有一个突出的特点——以他者的建构为主。因为帕米尔高原塔什库尔干县塔吉克人没有自己的文字,从塔吉克学者编撰的《中国塔吉克史料汇编》一书中可见,关于他们的书写在历史上主要体现为"他者"的书写,内容散见于中国正史、中国古籍以及相关的外文书籍,书写者多为中国古代史官、

---

① 罗钢,刘象愚主编.文化研究读本[M].北京:中国社会科学出版社,2000:211.

驻地官吏、游僧、各国探险家、学者，等等。在现代报刊、广播、电视等传统媒介中，书写者多为记者、摄影家、旅行者、文化工作者、对口援建者等。可以说，塔吉克人在传统媒介中的呈现极少有自己的书写，而是以他者的书写和建构为主。

身份是在社会交往情景中由自我与他人的互动共同构建的，符号在其中起到了中介作用。个体可以通过控制符号来呈现自我，同时影响他人对自我的认知和态度，从而实现自我期待中的自我认知。随着网络媒介技术的发展，从门户时代到搜索时代，尤其从以博客为主的Web2.0时代到社交网络时代后，在网络空间中，大众化的内容生产成为可能，这些内容主要由各种各样具有意义的符号形式构成。媒介研究学者保罗·莱文森将Web2.0以后的第二代网络媒介概念化为"新新媒介"，认为"新新媒介的用户被赋予了真正的权力，而且是充分的权力"[1]。以互联网为核心的技术革命赋予了个体使用网络进行符号生产传播的权力、便利和自由，个体也因此获得了通过网络空间中的符号生产来强化、重塑、创造自我理想身份的可能。在新的媒介环境下，塔吉克人对网络媒介的使用也从连接性使用、搜索性使用进入接受和生产并重的使用形态。每一个普通的塔吉克人在使用网络媒介过程中都可能接触到"他者"对塔吉克人的建构内容，塔吉克人在对他者建构的吸收和摒弃中也具有了自我表达、自我建构的可能性。

一、网络媒介与符号生产

传播意义上的媒介，指传播活动的信息载体、技术手段、中介渠道、组织机构，或以上含义的总和，符号是表达特定意义和信息的形式或手段。媒介和符号都是传播学的核心概念。我们生活在一个符号的世界中，语言、动作、服饰、物品甚至一切事物都可以在一定条件下成为符号。在网络媒

---

[1] 保罗·莱文森.新新媒介[M].何道宽，译.上海：复旦大学出版社，2001：3—4.

介的环境下，媒介与符号的联系更加紧密，从某种意义上来说，运用网络媒介在网络空间中的符号呈现形成了生产力，可以说在网络空间中，符号是一种生产力要素。

（一）媒介与符号相关问题

符号本身也是一种媒介，在微观的人际互动层面，语言、表情、动作等符号在小范围的社会交往中发挥着自我身份建构的中介作用，但在媒介技术发达的现代社会，大众传播媒介成了符号生产、传播、消费的重要工具，语言、文字、图像等符号借助报纸、广播、电视、电影等大众传播媒介打破时空限制，获得了大范围的传播，为身份的强化、重塑与创造带来了更多可能性。大众传播媒介通过各种符号手段，在社会生活各个领域里生产了大量媒介形象，这些媒介形象（尤其是媒介明星）"有助于塑造某种文化和社会对整个世界的看法及其最深刻的价值观：什么是好的或坏的，什么是积极的或消极的，以及什么是道德的或邪恶的"，个体通过对媒介形象的消费"铸就了自身的认同性、自我感"，而媒介形象中的"超级明星"更是在借助媒介符号建构自我身份的同时，作为一种符号化的象征，成为普通人身份认同的榜样和理想，对个体自我身份的建构产生了可能的潜在影响。

大众传媒作为高度受控的媒介，更多地被政治权力和资本控制。除了上述通过生产媒介形象传播主流价值观以影响个体身份认同之外，大众传媒并未深度介入个体身份建构的重要场所——日常社会交往，普通个体也没有获得借助大众传媒强化、重塑、创造自我身份的媒介符号权力，但这种状况随着互联网技术的兴起及其对日常社会生活的深度介入而得到了改变。

开放性、即时性、互动性、去中心化是互联网技术的禀赋。互联网对用户的赋权体现在：采取几乎人人可用的技术和较低的使用成本，将全球无数的个体联结在一起，在技术层面上赋予每一个接入互联网的个体平等的使用权,这些个体彼此之间可以进行超越空间限制的实时互动,也可以利用多媒体进行符号的生产与传播。

(二)网络空间中的符号生产

无论是赋予个体媒介符号的生产与传播权力,还是变革社会互动交往中"印象管理"的模式,互联网"大大增加了每个网民对自我、对自身归属和对自身身份反省的空间",使得自我身份的强化、重塑与创造处于一种更加"变动"和"漂移"的后现代状况之中。

互联网所形成的网络空间是一个虚拟的符号空间,我们身体无法进入其中,只能借助文字、音频、图像等符号进行交流。随着互联网传输速率的不断提升和数字影像技术的发展普及,能够真实呈现身体的影像符号开始在网络空间大量传播,身体以比特形式进驻网络虚拟世界。一些敢于展示自我的网民通过自拍数码照片在网络上传播,创造了全新的自我身份形象。对于塔吉克人来说,他们由传统社会进入网络社会,具有身份的焦虑以及在网络空间中进行自我呈现和自我认知的迫切需求。这种状况主要与塔吉克人的族群渊源、称谓等的复杂性有关。

关于帕米尔高原塔什库尔干县塔吉克人的族群渊源、称谓,在学术界或公共表述中看似比较确定,细究却有颇多争议;在民间也有不同说法或模糊不清的情况存在。关于族群渊源,学术界一般认为,"塔吉克"是中亚操伊朗语居民的族名,有"王冠"之意。据民间传说,"塔吉克"本属于自称,到11世纪,将中亚地区操伊朗语、信仰伊斯兰教的人称为"塔吉克"。追溯塔吉克人的历史,"早在公元前2000年左右生活在中亚草原上的雅利安人开始大迁徙,一支迁入伊朗高原,一支迁入印度,一支迁入欧洲,还有一支迁入塔里木盆地及其周围地区"[①]。生活在帕米尔高原塔什库尔干县的塔吉克人占迁入人口的大多数,由于山高路险,受外界影响较少,较好地保持着东伊朗语及东伊朗人的传统特征,在其漫长的历史进程中,

---

① 西仁·库尔班,等.中国塔吉克族[M].银川:宁夏人民出版社,2012:11.

又融入了塞人、粟特人、吐火罗人、花剌子模人等东伊朗部族的成分，他们在这片土地上创建了自己独有的文化。以塔吉克族学者为主编撰的《中国塔吉克》一书中认为，"中国的塔吉克人在体态上仍具有欧罗巴人的典型特征，只有少数人具有蒙古人种的一些特征。基本上属于欧罗巴人种，是东伊朗部族的后裔"①。塔吉克斯坦现代历史学家加富罗夫认为，"约在公元前20世纪中后期，操伊朗语的雅利安人的一支迁入帕米尔高原，并在漫长历史过程中，融合了当地土著民族和中亚外来民族，形成了中国塔吉克族"②。此外，在塔吉克的民间传说中，有一个和塔吉克族源相关的"公主堡"的传说十分盛行，这个传说使塔吉克先民和蒙古人种、中原汉人扯上关系，引来后世对于塔吉克人祖先族源的猜想和争议。该传说的文字记载最早见于玄奘的《大唐西域记》。大约在公元644年，玄奘东归路过今天的塔什库尔干县一带时，正处于塔吉克先民建立的羯盘陀国时期，根据玄奘的记载，羯盘陀国开国之主是一位来自中原地区的王室之女，本要嫁到波斯去，途经此地遭遇战乱，随行之人为避战乱而在一座孤立的石峰之上为公主修了一座宫室避乱，太阳神前来与公主相会，生下后代，自称"汉日天种"。至今，在塔什库尔干南部还有一处被塔吉克人称作"公主堡"的遗址。《大唐西域记》中记载："以其先祖之世，母则汉土之人，父乃日天之种，故其自称汉日天种。然其王族，容、貌同中国，首饰方冠，身衣胡服。"③在这个民间传说中，羯盘陀王族具有蒙古人种的特征。塔吉克族学者西仁·库尔班对此的解释是，玄奘所记的羯盘陀国王族和《新唐书》《往五天竺国传》等史书中记载的羯盘陀国王族"文身碧眼"的样貌不一样，羯盘陀国王室在玄奘离开此地后应该发生过王室更迭等重大政治变革。

---

① 西仁·库尔班、马达力汗·包伦、段石羽. 中国塔吉克 [M]. 乌鲁木齐：新疆大学出版社，2012：41.

② 加富罗夫. 中亚塔吉克史：上古：十九世纪上半叶 [M]. 北京：中国社会科学出版社，1985：21.

③ 引自西仁·库尔班，马达力汗·包伦，米尔扎依·杜斯买买提. 中国塔吉克史料汇编 [M]. 乌鲁木齐：新疆大学出版社，2003：48.

"玄奘所见揭盘陀王族可能同早先生活在这里的羌族部落有关,玄奘说揭盘陀'王族'的外貌和汉人相同,并没有说揭盘陀的一般居民都是这样,当地人应当属欧罗巴人种。"①但同为《中国塔吉克》编委之一、长期从事塔吉克民族文化研究的段石羽先生在《塔吉克族文化特征及其传统风俗》一文中表示,"塔吉克族和中国壮族、苗族等民族一样,是族源传说与汉民族有血缘关系的民族,对此应引起关注"②。由此可见,关于帕米尔高原塔什库尔干县塔吉克人的族源问题尚有许多不清楚的地方。笔者在田野调查中发现,当地塔吉克人大多对自己的祖先什么时候来到这块土地生活不太清楚,有的说是为躲避战乱从塔吉克斯坦搬来的,有的说是从巴基斯坦、阿富汗搬来的,这些说法也多是从父母辈或祖辈那里听来的。在塔什库尔干县,塔吉克人的历史主要靠世代口耳相传。

[**个案 5-1**] XRAL(男,12 岁,六年级学生):我爸爸说,现在塔县再也没有活着的能讲出塔吉克人从哪里来的历史的人了。

问:你们知道自己是从什么地方来到这里居住的吗?

答:我爸爸说好像是从塔吉克斯坦来的,我叔叔说好像是从阿富汗来的,因为打仗我们搬到这里。

[**个案 5-2**] HRGL(女,15 岁,初二学生):以前塔县的电视有讲塔吉克人的历史的节目,我们也不知道是什么时候到这里来的。我妹妹的眼睛是蓝色的,她的同学都笑她,我的眼睛是黑色的。

在传统媒介时代,塔吉克人与外群体接触交流较少,很少去纠结来源问题。随着网络媒介的使用,塔吉克人在网络空间中与外群体的交流陡然增加,在网络空间中关于塔吉克族源的讨论也较多,网络上对塔吉克人的

---

① 转引自西仁·库尔班,马达力汗·包伦,米尔扎依·杜斯买买提.中国塔吉克史料汇编[M].乌鲁木齐:新疆大学出版社,2003:51—53.

② 段石羽.塔吉克族文化特征及其传统风俗[J].新疆大学学报(哲学社会科学版),1994(3):100.

族源问题比较突出的有"中国唯一的白种人""中国少数民族中唯一的白种人"等提法,也有人在"知乎"上对这些说法提出质疑。

关于塔吉克人的称谓,帕米尔高原塔什库尔干县塔吉克人的族群形成经过了漫长的历史阶段,塔吉克人先民自古以来与中原地区有着密切的联系。一般认为《汉书·西域传》中记载的西域36国中的蒲犁、依耐、西夜等王国就在塔什库尔干及其周围地区进行活动。东汉时,塔什库尔干被称作"德若国",魏朝时期被称为"满犁",晋朝时期被称作"亿若"。从公元初期至北魏(公元386—534年)、唐朝开元年间(公元618—907年),塔什库尔干地区为朅盘陀国所统治,朅盘陀国的塔吉克先民创造了对后世影响深远的独特的朅盘陀文化,在这一历史时期中形成了帕米尔高原塔什库尔干地区塔吉克人的族群主体。

中华人民共和国成立后,1950年在帕米尔高原以塔吉克居民为主的塔什库尔干地区成立了塔什库尔干县人民政府,1954年实行民族区域自治,成立了塔什库尔干塔吉克族自治县。与之相应的是从1950年开始进行的民族识别工作,通过民族识别工作,生活在我国境内的塔吉克人被正式称为"塔吉克族"。当时民族识别的依据主要建立在斯大林的民族定义中关于民族的四个基本特征之上,斯大林提出民族是"人们在历史上形成的一个有共同语言、共同地域、共同经济生活以及表现于共同文化上的共同心理素质和稳定的共同体"[①]。当时在识别的过程中将民族源流作为民族识别的重要历史依据,结合实地调查、民族意愿、参考大量历史文献以及考古学、语言学、民俗学、人类学等有关资料最终识别出55个少数民族。民族识别工作最初对新疆的维吾尔族、哈萨克族、柯尔克孜族、塔吉克族一时难以明确地区别,通过进一步识别后,"塔吉克族"在1954年被最终确定下来。此后为了和中亚塔吉克族区分,在特定语境中称他们为"帕米尔高原塔吉克族"或"中国塔吉克"。"中国塔吉克"这个称谓原本是他称,有

---

① 中共中央马克思恩格斯列宁斯大林著作编译局,编译.斯大林全集(第二卷)[M].北京:人民出版社,1953:294.

的塔吉克人不赞同这种称谓。一位在塔吉克斯坦留学的中国博士生创办了一个微信公众号"塔吉克",使用的语言文字主要是国家通用语言,这个公众号主要是做与中亚塔吉克族和目前塔吉克斯坦历史、文化、经济等相关的内容。微信公众号"塔吉克"的创办者提到,最初的目标受众是塔吉克斯坦的中亚塔吉克人,也有帕米尔高原塔什库尔干县塔吉克人关注这个公众号,有人在后台留言,认为不应该加以国别区分。笔者在田野调查中发现,目前大部分塔吉克人接受了中国塔吉克这个称谓,并自称中国塔吉克,塔吉克族的学者在撰文著书时也多采用"中国塔吉克"的称谓。还有一个值得注意的现象是,与中国紧邻的塔吉克斯坦是由86个民族组成的国家,主体民族塔吉克族占64.9%,乌兹别克族占25%,其他还有俄罗斯族、鞑靼族、亚美尼亚族、土库曼族等众多的族群。[①] 在塔吉克斯坦,居住在帕米尔高原的塔吉克人被称为"帕米尔人"或"高山塔吉克"。中国和塔吉克斯坦自1992年建交后睦邻友好,随着中塔两国交往越来越密切,塔什库尔干县的塔吉克人有不少到塔吉克斯坦走亲访友或读书工作,他们面临着族称的模糊和不确定的问题,尤其是在网络空间的交往和表达中,面临着需要明确自己称谓的问题。另外,在帕米尔高原塔什库尔干县的塔吉克人内群体中按照自称还分为色勒库尔塔吉克和瓦罕塔吉克两个分支。色勒库尔是塔吉克语的音译,也有的译作"瑟里库尔",是塔吉克人对塔什库尔干地区的称谓。色勒库尔塔吉克是指定居在这一区域的塔吉克人;瓦罕塔吉克是指历史上从瓦罕走廊迁居到塔什库尔干地区的塔吉克人。在当地一般将色勒库尔塔吉克称为"塔吉克人",将瓦罕塔吉克称为"瓦罕人"。目前帕米尔高原塔什库尔干县的塔吉克人在与外群体浅层交往时,一般不会细分色勒库尔塔吉克和瓦罕塔吉克,而是统称"塔吉克人";对于与之交往密切的外群体成员,他们则会明确告知对方自己是"塔吉克人"还是"瓦罕人"。

---

① 许勤华,主编.当代中亚概况——民族、宗教、能源[M].北京:世界知识出版社,2007:11.

二、网络空间中的符号生产与意义生成

塔吉克人在漫长的历史进程中，在特殊的自然地理环境和社会文化环境中，形成了自己的族群文化传统。这个传统既有继承性、稳定性，又随着时代的浪潮而处于运动状态。在传统媒介时代，塔吉克人的历史文化往往由"他者"书写，媒介形象由"他者"建构，塔吉克人基本处于失语状态。由此出现的状况是："他者"视角的描述往往只能呈现一个群体的冰山一角，从而造成某种程度的遮蔽，使一个群体的媒介形象单一、身份固化。一个突出的例子是，谈到塔吉克人，必谈1963年拍摄的电影《冰山上的来客》和其中的电影插曲《花儿为什么这样红》，这是塔吉克人出现在公众面前最初的经典媒介形象，在某种程度上也成了塔吉克人媒介形象的定格。2006年，根据电影《冰山上的来客》翻拍的同名电视剧播出，革命反特年代的塔吉克人形象为更多人所知，但人们对现代塔吉克人的文化、生活环境、所思所想仍然知之甚少，甚至没有将电影、电视剧和"塔吉克"这个族群对接起来。在很多场合，说"塔吉克人"很多人感到陌生，说起《冰山上的来客》和《花儿为什么这样红》则会引起较大的反响。

网络媒介的使用为塔吉克人带来了自我表达的可能，一部分积极使用网络媒介的塔吉克人通过使用微信、微博、QQ、美篇、唱吧等各种互联网应用在网络空间中进行符号生产，向世人展现更为丰富的塔吉克历史文化和更加立体的塔吉克人形象。在访谈中，微信公众号"帕米尔"的创办人之一DWNX告诉笔者："我们做这个公（众）号是想让更多的人了解我们塔吉克文化、塔吉克人，关注这个群体。"塔吉克人通过网络媒介与外群体的接触、交往、自我展示、呈现的过程也是反思"我是谁""我应该是谁"，继而对"我能成为谁"的求索的过程。本章主要关注的是塔吉克人在网络空间中作为群体的文化身份的呈现和文化形象的传播，这种呈现和

传播采用文字、音乐、图片等符号形式，以塔吉克人的族群文化传统和文化记忆为基础，结合当下塔吉克人在现实环境中的生活，加入族群在发展中的现代元素，融入了塔吉克人的自我反思和对未来的想象。

（一）音乐的创制与传播

1. 作为声音文化记忆的塔吉克民歌

蕴含着塔吉克人文化记忆的塔吉克民歌是塔吉克人文化结构的支点之一，为塔吉克人在网络空间中进行文化自我认知提供了基础。塔吉克民歌于 2010 年入选传统音乐类国家级非物质文化遗产。有学者对塔吉克民歌进行了详细的考察，认为"塔吉克民歌内容十分丰富，涵盖了塔吉克音乐的全部特点。塔吉克民歌按照体裁划分可分为叙诵性民歌、习俗性民歌和歌舞性民歌。叙诵性民歌中又可分为自由体歌谣、悲歌和双行诗。习俗性民歌又可分为摇篮曲、迎亲歌、挽歌、送葬歌和宗教歌等。若按题材和内容进行分类，又可分为爱情歌、故事歌、历史歌、劳动歌、习俗歌、宗教歌和新民歌等"①。塔吉克民歌受周边文化的影响，同时对周边民族的音乐产生影响。塔吉克民歌节奏鲜明、旋律质朴，具有浓厚的生活气息，比如《打场歌》《挤奶歌》是反映塔吉克人生产劳动的歌曲。塔吉克民歌除一人独唱外，常见的一种形式是一人领唱、众人相和，有的还会将即兴舞蹈的表演形式融入其中，体现出众人参与的集体意识。塔吉克民歌的艺术特征与高原特殊的自然地理环境和文化环境具有高度的关联性。

对于长时期只有族群语言没有族群文字的塔吉克人来说，民歌是储存塔吉克人文化记忆的特别物质载体，是塔吉克文化独特的基因。民歌以声音的形式代代口耳相传，融入塔吉克人的身体记忆中，成为塔吉克人心灵深处的一种文化记忆符号，这种记忆成为塔吉克人文化身份的一种标识，

---

① 刘明，米扬. 帕米尔高原塔吉克民歌传承与保护研究 [J]. 甘肃社会科学，2012（3）：243.

为塔吉克人的文化自我认知提供基础元素。在网络空间中,塔吉克民歌转化为一种用以建构文化身份的标志性符号。

2. 网络空间中族群音乐的生产与传播

音乐是塔吉克人灵魂的表达,是蕴含塔吉克人情感密码的特殊符号。与塔吉克人相关的歌曲《花儿为什么这样红》在我国几乎是家喻户晓,但很少有人知道这首电影《冰山上的来客》中的插曲是由塔吉克民歌《古丽碧塔》改编而来的。由于在外界广为传唱的与塔吉克人相关的歌曲仅此一首又十分有名,这首歌曲在某种程度上成为塔吉克人为外界所知的一个代表性文化符号,但从另一个层面上来说对塔吉克丰富多彩的音乐文化造成了某种程度的遮蔽,也使得塔吉克人为外界所知的文化形象单一。

随着网络媒介技术的迭代,网络媒介从内容的聚合、搜索过渡到用户生产内容阶段,也就是莱文森所说的用户拥有权利的新新媒介阶段。网络媒介具有的技术特性为塔吉克人创制和传播自己的族群歌舞文化、构建立体生动的族群文化形象提供了可能。塔吉克人对待网络媒介新技术的态度比较积极,尤其是塔吉克人中的知识层和年轻人,他们对网络媒介的使用不仅仅是用来娱乐,还充分发挥了自己的主动性和想象力,利用网络媒介进行创造性活动,这一点在利用网络媒介进行族群音乐的创制与传播中体现得尤为突出。热爱音乐、歌舞是塔什库尔干县塔吉克人的社会风尚。笔者在田野调查中注意到一个特别的现象:在塔什库尔干县热爱音乐的人特别多,他们不只是欣赏歌曲,还喜欢自己作曲写歌、创制歌曲音频或视频。现在塔什库尔干县有很多新生代的歌手,这些歌手大多不是职业歌手,他们在平时的生活中有自己的职业。

[个案5-3] PKLT(男,32岁,在塔什库尔干县教育系统工作):我们这里喜欢音乐的人很多,他们平时可能是公司的工作人员、司机、县委食堂的厨师、警务人员、教师、农牧民什么的。他们有空就做音乐,也

在 QQ 群里和大家分享音乐，或者把自己（创作的）的音乐拿到塔县的一些微信平台上发表。我下班后喜欢唱歌，自己写词谱曲也翻唱别人的歌曲，有时候和朋友一起开小型的音乐聚会。

[**个案 5-4**] XKE（男，24 岁，从乌鲁木齐大学毕业后回到塔什库尔干县一段时间没有找到正式工作，后来通过考试成为一名边检站警察）：从乌鲁木齐回来后，总是有些不适应，觉得塔县的生活很无聊，还好和几个朋友一起做音乐，自己在唱吧、全民 K 歌里也发，微信公众平台上也发，也有人听了写评论说唱得好，这样感觉离乌鲁木齐不那么远了。

塔吉克人在长期做音乐的传统中形成了自己的一套民间制作发行系统。在传统媒介时代，他们通常是在县里的文工团录制一个母带，或自己找录音机录制一个母带，再交给县里一家照相馆的人用双卡录音机翻录，翻录后大多以三块五人民币一盒的价格出售，当年的照相馆现在已经更新成电脑服务部，主营业务是复印、扫描、打印以及婚丧嫁娶的录像拍摄。曾经负责翻录塔吉克歌手音乐磁带的 YM 现在再也不做"音乐生意"，他说："现在是免费下载的时代，以前翻录的歌曲我都转成了 mp3 格式存在电脑里了。"进入网络媒介时代，塔吉克人自创的音乐制作发行机制发生了改变，热爱音乐的塔吉克人只要经济条件允许通常会购置一台配置较高的电脑，一台音乐调音台，搭配 midi 键盘①，也有的没有音乐调音台，直接用音乐制作软件或影视剪辑软件，如果经济条件不允许也可以到有器材的朋友处借用，他们利用这些设备自己在家或工作室制作音乐音频或视频。

原创音乐的音视频制作完成后一般发给在塔什库尔干县有一定影响力的微信公众号发布。在目前塔吉克人创办的比较有影响力的十个微信公众号中，只有"Tajikology"从未推送过塔吉克人原创的音视频，其他九个公众号中有六个公众号第一次推送的内容就是塔吉克人创制的音乐作品的音视频，具体情况如表 5.1 所示：

---

① Midi 键盘也叫 Midi 键盘控制器，是一种可以把 Midi 信号传递给电脑、手机、平板等的类似于钢琴的键盘。Midi 键盘多用于编曲、作谱等工作。

表 5.1 塔吉克人创办的微信公众号第一次推送的主题

微信公众号名称	第一篇推送时间及主题
Yaktaj 综合平台	2015 年 11 月 16 日 歌曲：《Tajik farsi dari》
TajDaR （皇冠塔吉克综合平台）	2016 年 4 月 21 日 歌曲：《与你共享最优歌曲》
SHINGGUN （幸贡微信公众平台）	2017 年 3 月 22 日 歌曲：《Daqoqaho》
SuperMedia	2017 年 10 月 歌曲：《Shohzoda-Khasta》
WakhanCorridor（瓦罕走廊）	2016 年 3 月 26 日 歌曲：伊斯拉汗·夏巴孜的新塔吉克歌曲
Tajikan	2016 年 5 月 5 日 歌曲：视频 MV，吉他弹奏

微信公众号"Tajik 看世界"虽然第一次推送的是塔吉克历史，不是塔吉克原创音乐，但和以上六个微信公众号一样，在之后的推送中，大部分是塔吉克原创音乐作品。微信公众号"WakhanCorridor（瓦罕走廊）"和"TajDaR（皇冠塔吉克综合平台）"都明确标明是音乐平台。近一两年一些塔吉克歌手意识到网络传播的重要性，专门开设微信公众号来发布自己和他人的音乐作品。2017 年 3 月塔什库尔干县知名歌手依马木艾力开设了"依马木艾力塔吉克平台"，一年内发布了自己和他人的 22 首原创音乐作品。

3. 原创音乐中的文化符号

流行于网络空间中的塔吉克人现代原创音乐内容丰富，具有很强的地域风格和族群文化特征。目前网络平台上的塔吉克传统风格的歌曲主要采用鹰笛、巴朗孜库木、手鼓之类的原声乐器配乐演奏，器乐声极具辨识度。

这些乐器是塔吉克特有的传统乐器，独特的器乐声就是塔吉克人的文化符号，只要器乐声一发出，塔吉克人或熟悉塔吉克音乐文化的外群体成员就能立刻辨识出这是帕米尔高原塔什库尔干县塔吉克人的音乐，并且受到音乐的艺术感染。与传统媒介时代的塔吉克音乐不同的是，网络时代的塔吉克音乐不再是民间的齐奏，而是有和声的重新编曲，编曲简单，塔吉克音乐风格凸显。在塔吉克传统乐器中，最具有塔吉克族群文化象征的符号是鹰笛，鹰笛是塔吉克"鹰文化"的重要组成部分。塔吉克人具有万物有灵的原始崇拜思想，塔吉克人的原始崇拜中有对鹰的崇拜，这和塔吉克人生活在高原特有的地理自然环境中有关。鹰是塔吉克人仰望苍穹时唯一常见的猛禽，鹰在高原上卓尔不凡的姿态、顽强倔强的生命力量成为塔吉克人的精神追求。塔吉克的民间传说中有很多关于鹰的故事，在这些故事中鹰与人通常是朋友关系，鹰总是在危难的时候救人脱离险境，有时甚至不惜牺牲自己的生命。塔吉克学者西仁·库尔班认为，"鹰是塔吉克人的象征和庇护神，亦有可能是塔吉克人在远古时代的图腾"[①]。围绕"鹰"崇拜，产生了与鹰相关的鹰笛、鹰舞，形成了塔吉克人的"鹰文化"。"鹰笛"由鹰的翅骨做成，材料的获得极其不易，鹰笛的音色高亢明亮，是塔吉克节庆场合的歌舞中必不可少的乐器。在塔吉克人的日常生活中，"鹰笛"和"鹰舞"总是相伴相生。鹰舞的舞步与鹰笛的曲调一致，主要是模仿鹰在天空中展翅翱翔的动作进行的舞蹈，鹰舞是节庆和婚礼上的必备舞蹈，在平时的生活娱乐中也很常见。2006年鹰舞入选为国家级非物质文化遗产。如果说鹰舞是塔吉克人的身体文化记忆，鹰笛的声音就是塔吉克人的声音文化记忆，鹰笛和鹰舞是塔吉克人最具标识性的文化符号。当塔吉克人的这种原创音乐利用网络媒介创制、在网络空间中传播时，他们实际上就是在建构新的文化记忆，为塔吉克人在网络空间中的文化自我认知提供必要的文化元素。

[①] 西仁·库尔班.试论塔吉克文化中的四大象征［J］.新疆大学学报（哲学社会科学版），2005（5）：90—94.

在网络空间中创制传播的除了塔吉克传统风格的歌曲外,还有另一种流行风格的塔吉克原创音乐。一般采用电声,融合印度、巴基斯坦、欧美等音乐元素,歌词使用的语言常出现塔吉克语、英语、汉语等混搭的现象,具有国际化风格。微信公众号"Tajik看世界"的创办人说:"在我们平台上发的歌曲,传统的也有,现代的也有。现在塔县像依马木艾力这样有名的歌手,传统的能唱,现代的也能唱。主要的内容和祖国、家乡、爱情、生活有关。"这一类流行风格的塔吉克原创音乐也是塔吉克人在网络空间中建构文化身份的一种文化符号,与传统的塔吉克音乐不同的是,这一类歌曲在风格上表现出文化的混搭,在歌曲中有塔吉克人传统民歌的元素,也会用到鹰笛之类的器乐声,但经过电子合成编曲后具有了更多的现代感,歌词的演唱也体现出各种不同语言的组合。这一方面是塔吉克人作为跨界民族受以中华文化为主体的多元文化影响的表现,另一方面表现出塔吉克人在新的时代环境下对自我的认知发生了变化,尤其是年轻人,他们对自我的认知不是他者认为的地处遥远的族群应该是某种"原始"的样子,塔吉克人在网络空间中表达的更多是他们觉得自己应该是或能够是的样子。

纳日碧力戈指出,"一个族群的符号可以千变万化,但它们所承担的意义(价值)却可能保持相对稳定"①。就塔吉克人流行于网络空间中的原创音乐而言,在表现符号上可能与传统媒介时代的塔吉克音乐有差异,但其文化内核是具有稳定性的。现代的创作也是建立在塔吉克人的文化记忆、生命底色之上的。从塔吉克民歌被大量翻唱且在网络空间中的广泛传播可见,作为塔吉克人族群文化记忆的民歌始终是塔吉克人在网络时代进行现代音乐创作的源泉。在电脑服务部YM收集的24名目前在塔什库尔干县享有知名度的民歌手演唱的230首歌曲中,有40%以上翻唱的是塔吉克民歌艺术家伊萨克原创的歌曲。当笔者在焦点小组访谈中问及"为什么塔吉克男女老少都爱唱伊萨克的歌曲"时,普遍的回答是,"他写的唱的都是我们塔吉克人的事情,我们的风俗、我们的想法,都在歌里"。伊萨克生前

---

① 纳日碧力戈.现代背景下的族群建构[M].昆明:云南教育出版社,2000:15—19.

整理了大量的塔吉克民歌，也创作了200多首歌曲，在环境的变迁中，塔吉克人在他的歌曲中寻找关于家园、族群的文化记忆。例如他创作的民歌《奥法希优富山》一直被翻唱，在网络时代仍然流行，在上文提到的微信公众号中，凡是发布音乐内容的公众号都有这首歌曲的翻唱作品。他在歌词中写道："心灵的乐园班迪尔，你是我仙境般的家园，我心花怒放在你繁花似锦的怀抱间。心上人向我走来，不知道你又去向何方，告诉我你的肺腑之言，你是我永生之爱。"歌中所唱的班迪尔是塔什库尔干县的一个颇有历史文化积淀的乡，目前这个乡由于修建水库已经搬迁，这首不断被翻唱的民歌承载和传递着塔吉克人的族群文化记忆。在最新的录音版本中，除保留典型的塔吉克风格外，增加了大段现代的抒情副歌。旋律在变，但歌曲传达的家园之情，对内群体和外群体的欣赏者而言都具有强烈的艺术感染力。

对于长时期处于有语言无族群文字状态的塔吉克人来说，音乐也是他们族群语言传承的重要方式。目前很多塔什库尔干县的年轻人通过手机传播伊萨克的长子玉克沙克的歌曲，如果问塔什库尔干县的塔吉克人喜欢谁的歌，十有八九会说玉克沙克，很多人觉得他的歌词特别好，他的歌里用了很多地道的塔吉克口语，有些在现在的口语交流中已经不用了，而是采用了借词形式。玉克沙克创作的歌曲中的一些传统的塔吉克口语今天的年轻人已经听不懂了，但他们觉得很亲切、很好听。

音乐是塔吉克人独特的语言和文化符号，现代塔吉克人翻唱的民歌中保留了很多社会性的内容，他们会在歌中歌唱环境、农作物、放牧、捕猎、婚礼甚至奶茶，还有很多写给孩子的歌，表现出塔吉克人对家庭的重视。在塔吉克人的歌曲中，他们还会一边歌唱爱情，一边谈论道德伦理问题。在原创的现代歌曲中，关于爱情、情感的歌曲占有较大的比重，歌唱祖国、家乡、女性的歌也不鲜见。在网络平台上发布的塔吉克人原创音乐作品标题中大部分使用"中国塔吉克语"，部分配有汉语翻译，少量使用英文。标题中多含有"塔吉克""塔什库尔干""帕米尔""色勒库尔""冰山""鹰笛""雪莲"等词汇，具有较强的地域和族群文化指向性。在网络空间中流行的塔吉克原创音乐具有继承性和创新性，从乐器、旋律、曲风到主题、歌词都可以辨识出塔吉克人的文化符号。苏珊·朗格提出"艺术是人类情感的符号的创作"的观点，并指出，"符号与其象征事物之间必须具有某种共同的逻辑形式"①，她论述道，"我们叫作'音乐'的音调结构，与人类的情感形式—增强与减弱，流动与休止，冲突与解决，以及加速、抑制、极度兴奋、平缓和微妙的激发，梦的消失等等形式在逻辑上有着惊人的一致"②。塔吉克人的原创音乐就是他们情感的符号表达，塔吉克人音乐独特的乐器声、鲜明的节奏、明快质朴的旋律，包含传统元素的现代混搭式的风格，歌词中蕴含的家国之情以及浓厚的生活气息都和塔吉克人热烈而内敛、坚韧而圆融、传统而开放等情感形式具有相同的逻辑。塔吉克人的情感产生于他们生活的特有的自然地理和社会文化环境之中，他们的情感表达中有他们的文化密码和在新的时代环境中的自我认知和自我表达，他们在创制音乐符号的时候，实际上也是在传统与现代的衔接中认知自己的文化身份。

  与塔吉克族一样同属跨界民族的哈萨克族和柯尔克孜族中利用网络新媒体创制和发布原创音乐的现象也较为普遍，做原创音乐网络平台的人群的职业也比较多元。借助网络新媒体创制音乐在塔什库尔干县塔吉克族中成为一种社会风尚，与塔吉克族相比，由于人口数更多、分布地域更广、历史文化的区别等哈萨克族和柯尔克孜族在借助网络新媒体创制传播原创音乐方面的整体特征给人的感受虽不如塔吉克族明显，但可以从他们在网络空间中的原创音乐生产与传播看见其进行文化自我认知、形成文化身份认同的轨迹。尤其是族群中的年轻人通过原创音乐来能动地建构自我的文化身份认同。

---

① 苏珊·朗格. 情感与形式［M］. 刘大基，傅志强，译. 北京：中国社会科学出版社，1986：37.

② 苏珊·朗格. 情感与形式［M］. 刘大基，傅志强，译. 北京：中国社会科学出版社，1986：36.

以阿勒泰地区的哈萨克族青年为例,调查组于 2016 年 7 月间在阿勒泰地区的调查中发现在该地区不少热爱音乐的哈萨克族青年热心结合哈萨克族传统音乐元素,借助网络新媒体进行原创音乐的创制和传播,他们创制的作品具有明显的跨界风格,主要体现为跨族群和跨国界,体现出处于多民族聚居的边境地区的跨界民族青年对民族音乐传承的态度。出生于阿勒泰地区清河县的哈萨克音乐人米兰别克·阿合曼在哈萨克年轻人中的影响较大,米兰别克从小学习冬不拉、库布孜、木笛、口弦,米兰别克音乐之路经历丰富,到北京参加过著名的 IZ 哈萨克乐队,尝试将哈萨克传统音乐和现代音乐相结合进行创作,他又具有到多国巡演的经历,2008 年他回到家乡进行深入的民间采风,学习传统哈萨克音乐,米兰比克的音乐融合传统与现代、跨界特征明显。歌曲《在那遥远的地方》是音乐大师王洛宾融合哈萨克族民歌《羊群里躺着想念你的人》、藏族民歌《亚拉苏》等音乐元素创作的世界名曲,米兰比克对这首经典名曲进行了重新编曲,融入了打击乐和哈萨克乐器元素,用哈萨克语进行演绎,重新创作的《在那遥远的地方》歌词更具哈萨克的游牧气息:"(歌词大意)在那遥远的地方,我的好姑娘,踏上征途却未能挥手道别,无情的世界,广阔的戈壁如饥似渴,苍茫大地的爱如此狭隘,无情的世界,广阔的戈壁何时见其边缘,枣红马牵着你,这世界何时有尽头,无情的世界,众多的姑娘中你无与伦比,见不到你的英容追悔莫及,无情的世界。"这首米兰别克重新演绎的更具现代气息和游牧气息的《在那遥远的地方》和其他原创作品在网络新媒体中传播广泛。

笔者在田野调查中发现,哈萨克族青年对音乐的接受态度比较开放、多元。

[**个案 5-5**](AST,22 岁,大三学生)从 2015 年开始,身边的人自己做音乐的比较多,做公众号来发布的也多。我高中的几个同学在内地上学,他们和外国人一起做音乐,一起唱、一起发到公众号上,以前就是自

己演、自己唱。用的语言主要有汉语、哈萨克语,也有别的。

问:你喜欢听什么类型的音乐?哈萨克族传统的还是其他的?

答:我喜欢听各种好听的音乐,不分哪个民族的。哈萨克族的好听就听,我自己比较喜欢一个网站"xalhar"(夏利哈尔),里面主要是音乐很多,有很多歌手,跟腾讯什么的差不多,有新闻,还有阿肯弹唱会,什么都有,音乐主要是哈萨克族的,现代的比较多,我听的那些说唱,好些也是以前的那些曲子。电影就什么族的都有。

调查发现,我国的哈萨克人对哈萨克斯坦明星歌手迪玛希的态度也很有意思,体现了不同代际间的哈萨克人对文化身份认同的差异。

[个案5-6](YSBLT,哈萨克族,21岁,大三学生)迪玛希以前我们都不认识他,我们认识的都是别的一些歌手,到《中国好声音》后才认识他。他唱的是很现代的。他几乎唱的都是流行歌曲,对我们年轻人来说是很好很好的歌手,对于老一辈来说可能会认为,他在干啥,像我父母就说他唱的不是哈萨克的东西。迪玛希他们更偏向俄罗斯那边,他们说的话跟我们也不大一样,也有一样的。平时喜欢看唱歌的可能很喜欢,他比赛的那会儿朋友圈都刷爆了。他用好几种语言,好像有俄罗斯语吧,我们不太懂,他还唱了汉语歌和哈萨克语的歌。

迪玛希的音乐和视频在网络空间中传播广泛,有的微信公众号专门转载和介绍迪玛希演唱的歌曲,例如公众号"阿合玛尔江哈萨克音乐平台"。另一个有意思的现象是,迪玛希现象在柯尔克孜族的年轻人中也产生了较大的影响。在访谈中我们发现,柯尔克孜人和哈萨克人相互之间有较强的认同感,他们认为柯尔克孜族和哈萨克族在新疆的少数民族中是语言、文化上相似点比较多,关系最亲近的民族。如果和别的民族通婚,他们觉得选择对方民族的人比较合适。

[个案 5-7]（BBX，柯尔克孜族，22 岁，大四学生，家在阿图什哈拉峻乡）迪玛希来参加《中国好声音》，我们也很支持他，到网上去给他投票。

柯尔克孜族有丰富的音乐传统，柯尔克孜族民间音乐分为民间歌曲和说唱音乐两大类。民间歌曲与柯尔克孜人的生活环境及生活习俗息息相关，大致可分为"牧歌""叙事歌""习俗歌""婚恋歌""说教歌曲与哲理性歌曲""新民歌"等。2009 年柯尔克孜族英雄史诗《玛纳斯》被正式批准列入《人类非物质文化遗产代表作名录》。19 世纪以来，《玛纳斯》及其口头演唱传统成为我国与中亚地区，尤其是吉尔吉斯斯坦民间文化和学术交流的重要内容，成为"一带一路"沿线文化交流的典范。随着传播技术的发展，在网络新媒体时代，《玛纳斯》具有了口传、印刷、网络新媒体等多种渠道和介质的传播，这些传播多为官方行为。柯尔克孜族个人借助网络新媒体进行原创音乐传播的现象相对比塔吉克族和哈萨克族不明显。

[个案 5-8]（GLPY，22 岁，大四学生）我们（柯尔克孜族）也有组成乐队自己写歌，用公众号发的。2014 年开始慢慢地发展了，2015 年以后开始兴起的。我看到的公众号最早就是 2014 年我高三那年慢慢发展的。应该做的都是业余的吧。我知道的那几个都是我同学，要给朋友点赞你就要关注公众号，这样粉丝就增加了。我开始关注了一下，后来就没怎么看了。

音乐没有族群的区隔，也没有国家的界限。调查发现借助网络新媒体进行原创音乐的内容生产和传播的过程，客观上起到了文化自我认知的作用，建构的过程也是文化身份形成的过程，在这个过程中塔吉克族的主体意识体现得最为明显，这与他们所处的地理自然环境更为封闭严酷，以及有口语无族群文字的文化状况有关，他们在严酷的环境中通过音乐建构自己的族群文化形象，向外界展现自己独特的文化形象和社会风貌。不论是内群体还是外群体都可以通过他们的音乐表达来感受他们的文化，理解现代塔吉克人的所思所想。从塔吉克人创办的微信公众号发布的塔吉克原创歌曲的点击量和评论来看，关注和欣赏塔吉克原创音乐的不仅是塔吉克内群体的成员，还有不少外群体成员，几乎每一首新歌的发布都会得到支持和鼓励。塔吉克人的歌曲不仅是内群体成员情感联结、交流的纽带，也是他们与世界联结、对话的特殊方式。塔吉克音乐具有羌藏音乐、中原五声调式及欧洲大小调体系的特点，反映了丝绸之路繁盛时期多元文化在此交融的特点。① 长期以来，塔吉克音乐在多元一体的文化背景下，既有对多元文化的吸收和包容，也有自己较为稳定独特的风格，进入网络时代，在利用网络媒介进行的创制和传播中，他们在多元与独特、传统与现代之间寻找平衡点，这个过程也是他们在现代社会中对自身文化身份的追寻和认知的过程。

（二）塔吉克人的图像记录与网络呈现

1. 塔吉克人的图像保存与传播方式

塔吉克人擅长用视听语言符号呈现自己生活环境中独特的自然风貌，记录日常生活中的民俗民风。除了音乐外，摄影也是塔吉克人业余生活中的一种社会风尚。2014年笔者第一次到塔什库尔干县进行短期田野调查时，接触到的塔吉克人KLMD就是一位有意识地通过图像来保存族群文化的典型个案，他的行为在塔吉克人中具有代表性。

[个案5-9] KLMD（2014年访谈时30岁，在县公安系统工作，访谈地点是在他县城里的家，平房，有院落，整体属于塔吉克传统民居的构造，但室内客厅陈设与塔吉克传统客厅差异较大，没有土炕，代之以沙发、茶几等，他当时正忙着在电脑上整理大量的照片，这些照片都是他长期以来的摄影作品）：社会发展太快，这些传统的东西可能很快就没有了，现在

---

① 杨银波. 当代器乐作品中的塔吉克风格［J］. 新疆艺术学院学报, 2016（3）: 14—20.

就要把能拍的拍下来，保存下来。

问：这些都是你拍的吗？

答：大部分是我拍的，有的是朋友拍的。

问：主要拍什么内容？

答：主要是塔县风光、老房子、婚礼、节庆、人物之类的，我现在已经分类整理了八个文件夹。

问：这些图片会放到网上去吗？

答：会啊，挑选一些特别有我们塔吉克人特点的，婚礼啊、老房子、节庆习俗之类的传到网上去，让更多的人都可以看到。

2017年，笔者第三次来到塔什库尔干县时，发现更多的塔吉克人有意识地用图像记录当地的风土人情，他们除了爱好摄影外，大多有一种对传统族群文化的忧患意识、保护意识和传播意识。塔吉克人利用网络媒介传播文化影像主要采用几种方式，比较随机的传播出现在个人微信、QQ、微博、百度贴吧等互联网应用中。随机传播以百度贴吧的传播量最大、传播的图片内容最为丰富。目前塔吉克人使用较多的贴吧主要有三个："tajik吧""塔吉克吧""塔吉克族吧"。三个贴吧中"塔吉克族吧"具有较强的传播影响力，目前关注人数超过6000，发帖量超过60000。① 另外，比较专业的文化影像作品在微信公众平台中也有一些推送，但推送的数量远远少于音乐作品的推送。值得关注的一个现象是，一些热爱摄影、有传播意识的塔吉克人运用"美篇"App制作、传播塔吉克文化图像专题。他们除了传播自己的作品，还会和微信公众平台联动，在微信平台上打广告面向全县付费收集"塔县老照片"，将收集起来的作品进行整理、编辑、配以适当的专题名，通过"美篇"在网络空间中展示、传播。

图像作为一种记忆媒介很早就受到重视，从古希腊罗马时代开始，图像就像文字一样与文化记忆联系在一起，图像的记忆力量受到关注。现代图

---

① 数据来源于塔吉克族吧首页，https：//tieba.baidu.com/f?fr=wwwt&kw=塔吉克族［2018-02-25］。

像学创始人阿比·瓦尔堡把图像作为通向文化的中介，注意到图像与文化之间在某种精神象征上的联系，认为图像与整个文化是不可分离地编结在一起的。图像对于瓦尔堡来说是范式性的记忆媒介，在人类的记忆中发挥着继电站的功能。① 对于长时间没有族群文字的塔吉克人来说，他们把图像作为一种记录、保存和传承族群文化的方式，他们注重在网络空间中传播群体文化图像，透过图像中具有鲜明特征的文化符号向世人展现群体文化形象、传递群体文化精神，当然这种展现是有选择的展现，实际上是一种文化自我认知行为。对于塔吉克人来说这些具有鲜明特征的图像符号既是对今天的记录，也是构成明天的文化记忆的元素，是建构族群文化身份的特色资源。

2. 群体文化的图像呈现与文化符号

对于塔吉克人群体文化的图像呈现，笔者主要考察了具有代表性的"美篇"App 用户和关注人数、发帖量相对较大的百度贴吧"塔吉克族吧"。美篇 App 用户中最突出的是"来自帕米尔的问候"，该用户有在北京求学的经历，目前是塔什库尔干县文化圈中的活跃人物，他在微信公众平台"SHINGGUN"上发起收集老照片行动，目标是收集 1000 张塔什库尔干县老照片。他将收集到的老照片和自己长期以来的摄影作品编辑制作了 22 个主题，通过"美篇"App 来展示、传播。具体情况见表 5.2。

表 5.2　"美篇"App 用户"来自帕米尔的问候"的摄影作品主题

序号	主题	序号	主题
1	情系帕米尔　最美塔吉克	5	YOU ARE GONE
2	恰库尼·塔比力迪家族（老照片）	6	记忆中的下班迪尔
3	最感人的民族——塔吉克人相片	7	黑白记录
4	用创意诠释黑白	8	父亲，在岁月里的身影

---

① 转引自阿莱达·阿斯曼. 回忆空间：文化记忆的形式和变迁［M］. 潘璐，译. 北京：北京大学出版社，2016：254—255.

续表

序号	主题	序号	主题
9	塔县老照片（收藏）	16	Hello！from Pamir
10	阿吉那扎尔和阿依麦丽科的婚礼	17	帕米尔的问候——摄影作品
11	世外桃源——我的乡村	18	高原净土，养育高贵塔吉克族
12	高原塔吉克人——人像片	19	中国塔吉克人
13	故乡的婚礼	20	塔什库尔干黑白面孔
14	夜拍——塔什库尔干	21	塔什库尔干的冬天
15	手机街头摄影十张	22	善良是民族根

在这些照片中突出的符号意象有以下几种类型。

（1）塔吉克人生活环境中的高原自然风光和历史遗迹。突出的符号意象有县城边上著名的高原湿地——阿拉尔金草滩、位于县城北侧的古石头城遗址、层次分明的雪山、山谷中的草场、河流等。

（2）塔吉克人像。以儿童、女性、老人为主，突出儿童纯净的眼神、纯真的笑脸；女性颜色鲜艳的塔吉克服饰，轮廓鲜明的五官以及盛装的塔吉克新娘；老人则突出具有历史沧桑感的面孔。这类图片中有一个共同的具有塔吉克文化特征的符号——塔吉克人特有的帽子。

（3）塔吉克民俗。婚礼、引水节、鹰舞、马球、牦牛叼羊等场景。突出的符号意象主要有婚礼中的新郎、新娘的服饰，婚礼中的仪式场面，骑在骏马上的骁勇的塔吉克人，等等。

（4）塔吉克传统民居"蓝盖力"，以及民居中塔吉克人的日常生活情境。突出的符号意象是传统民居里身着传统服装做家务或聚会的塔吉克人、燃着火的灶膛、天窗、柱子等。

（5）黑白色调的塔吉克人家族老照片。大部分为家庭合影，也有部分单人照片，照片中的塔吉克人服饰颇具特色，男性成员中有不少穿军装的形象，传递出塔吉克人以参军护边为荣的社会文化传统。塔吉克人的家族老照片也反映出塔什库尔干县塔吉克人社会面貌的变迁。

网络媒介用户群使用研究

"美篇"App 用户"来自帕米尔高原的问候"是属于有意识地利用网络媒介来传播塔吉克传统文化图像的塔吉克人,他在网络空间中传播塔吉克人文化图像的行为也是一种自觉的文化自我认知行为。该用户在发布的每一个主题下都会做一些文字说明,介绍与图片主题相关的塔吉克民俗、塔吉克人的精神特质等。在早期的推送中,他在篇末的自我介绍中写道:"在我眼里,塔吉克不仅是最淳朴、最善良的,还是我国最爱国的少数民族之一,独特的民族精神让我被培养成一名优秀的塔吉克,我也时时刻刻被它感动着。我从大学毕业,到上班。然后走到了摄影这条道路,这些经历坎坷而精彩,我甘愿用一辈子的时间去拍我的塔吉克,记录帕米尔高原上生活的塔吉克人,用照片诉说我的家乡,让更多的人喜欢塔什库尔干,让更多的人来到塔县做客。帕米尔高原上的塔什库尔干县是我国最西部的一个小县城,也是全国最安全的地方,塔吉克族是一个尊老爱幼、团结互助、自尊自爱、离婚率低、犯罪率基本为零的社区人文环境,他们是一个知荣辱的群体,而这些也将成为我摄影的灵感和动力,我会用我的作品向全世界诉说那里值得被爱。"①

2017 年 6 月,笔者在塔什库尔干县做田野调查期间对"美篇"App 用户"来自帕米尔高原的问候"MMTAL 进行了访谈。

[个案 5-10] MMTAL(男,31 岁,曾在北京上过大学,访谈地点在 MMTAL 和一位巴基斯坦朋友合开的咖啡馆里,MMTAL 的着装是皮衣和牛仔裤):现在的变化太快了,很多传统的东西都在消失,镜头里的好多场景第二次去就没有了。

问:感觉你很热爱这片土地。

答:是的,我特别喜欢这里,所以我喜欢记录塔吉克人的善良、淳朴,塔县的美。但在快速发展下,塔县也会变。

问:我感觉塔县变化很快,有些传统的东西好像也在变,你怎么看?

---

① 来源于"美篇"App 用户"来自帕米尔的问候"2017 年 8 月 21 日推送的《高原塔吉克人——人像篇》中的内容。

答：不好，现在人的思想也在变，我喜欢原生态的塔县。

MMTAL 的个案在当下的塔吉克精英层中带有普遍性，他们在日常生活中的物质生活层面已经没有多少族群传统的特征，但他们在网络空间中极力传播族群文化符号，建构具有辨识度的族群文化身份。这种现象在处于社会转型期的族群中也比较普遍，正如纳日碧力戈在其著作《现代背景下的族群建构》中写到那样，"族群精英虽然不一定体现本族群的文化，不一定说本族的语言，穿本族的服装，行本族习惯，但他们却一定代表本族文化，或者是本族文化的象征"[①]。

除了 MMTAL 外，用图像的方式记录塔吉克人的文化和生活，通过"美篇"等网络应用进行传播的还有不少其他用户，他们大多受过良好的教育，在塔什库尔干县有收入不错的工作，他们的共同点是爱好摄影，平时在塔什库尔干县的摄影爱好者微信群里也有交流。他们在"美篇"App 上呈现的图片具有比较明显的共同特征，突出的主要是在塔吉克人生活的特有的自然地理和社会文化环境中产生的文化符号，这既是对族群文化的记录、保存，从某种程度上来说也是新的族群文化记忆的产生。这些图片中呈现的代表族群文化传统的符号是塔吉克人在网络空间中进行文化自我认知的核心层次的内容。

相比"美篇"App 中有意识的传播，塔吉克人在百度贴吧中的图像传播比较随机，呈现的内容相对零散，但更加丰富和生活化。高原风光、历史遗迹、婚礼习俗、节庆文化、族群人物形象，这些图片虽然没有"美篇"App 中的同类图片拍摄专业，但呈现的符号和传递的文化信息大致相似。与"美篇"App 不同的是，百度贴吧中呈现出更多的现代塔吉克人以及塔吉克社会发展状况的符号，具有更多的现代色彩和新闻性。笔者考察了"塔吉克族吧"中的 69 个"精品贴"中的图片帖，以及 1500 个普通帖子中的图片帖，列出能体现贴吧的图像呈现与"美篇"App 不同的帖子主题，见表 5.3。

---

① 纳日碧力戈.现代背景下的族群建构［M］.昆明：云南教育出版社，2000：42.

表 5.3 塔吉克人百度贴吧"塔吉克族"吧中具有代表性的帖子主题

主题类型	主题内容	主题类型	主题内容
人物	塔吉克人现代派（转自微博）	公益形象	塔吉克青年企业家马依尔江的爱国拥军情
	[梦幻] 新疆塔吉克族最美女特警，梦幻答颜、讽柔英姿		"武警爸爸"情系塔吉克族孤儿
	塔吉克青年演员、模特、卡斯木	爱国拥军	看了视频差点流泪，塔吉克族不愧是最爱国的民族
	塔吉克孩子的足球梦		我是中国的孩子
基础建设	中国——伊朗合作的典范工程伊朗工业化的写照		塔吉克老人37年义务帮助防连 自家10头牛累死
	塔什库尔干县马尔洋乡皮勒村大桥竣工通车		新疆的骄傲 为国守边的太阳部落
	皮勒村大桥通车了，以后孩子们上学再不用溜索道、骑骆驼		（向国旗）敬礼
自我展示	大家好，我叫阿比力，我是中国的塔吉克族		帕米尔高原的国界，一家三代，献身护边
	我是塔吉克族，大家别把我认成外国人哦	现代婚礼	塔吉克族姑娘的现代婚礼（图集）
外群体写塔吉克人	中国好舞蹈古丽米娜用塔吉克娜舞夺冠		中国塔吉克族的现代化婚礼
	画家燕娅娅和她的塔吉克油画		

与塔吉克人在"美篇"App中突出的符号相比,这些主题下的图片中突出的符号更具现代气息和生活气息。例如,在塔吉克女性形象的呈现方面,百度贴吧中呈现出更多生活在乌鲁木齐或中国内地城市的、具有欧美范或职业化的现代塔吉克女性形象,突出的符号是流行服饰。值得注意的是,百度贴吧中的现代塔吉克女性形象大部分仍然保留了塔吉克女性传统的圆顶帽子"库勒塔",这是塔吉克人突出的文化符号。塔吉克有"王冠"之意,塔吉克人被称为"王冠民族",塔吉克人男女老少在日常生活中都有戴帽子的习惯,除了女性戴的"库勒塔"外,男性戴的黑色高筒皮帽叫"吐玛克"。现在塔吉克人在穿着上变化较大,特别是生活在城里的比较年轻的塔吉克人平时很少穿传统服装,但大部分保留了戴塔吉克帽子的传统,尤其是塔吉克已婚女性,除特殊的职业原因(比如警察、保安工作)外都要求戴"库勒塔"。绣一顶塔吉克帽子要花费大量功夫,在市场上一顶"库勒塔"售价在四五百元左右,因此"库勒塔"算是贵重礼物。在塔吉克人缔结婚姻关系后,女方要为男方所有的女性亲戚每人绣一顶"库勒塔"。因此,塔吉克人的传统"帽子"是塔吉克人典型的标志性文化符号。"美篇"App的图片中几乎没有出现外群体成员形象,与"美篇"App中呈现的不同的是,在百度贴吧"塔吉克族吧"中内群体和外群体成员互动的图片逐渐增多,边境线、界碑、国旗、工程车之类的符号也时常出现在"塔吉克族吧"的图片中。

阿莱达·阿尔曼曾指出:文字曾经被阐释为思想的直接溢出,图像则被解释为一种强烈情感或者下意识的直接表现。图像的力来自它们不可控制的情绪潜能。① 对内群体和外群体的成员来说,塔吉克人在网络空间中通过图像呈现的族群传统文化符号具有直观性和情感的调动能力。对符号与意义建构的关系,罗兰·巴特(Roland Barthes)将索绪尔的"能指—所指"符号观从语言学领域扩展到更加广阔的领域。罗兰·巴特强调符号的"能指是一种中介物,它必须是一种'质料'因,能指具有直观性的特点

---

① 阿莱达·阿斯曼. 回忆空间:文化记忆的形式和变迁[M]. 潘璐, 译. 北京:北京大学出版社, 2016:247.

和中介性的作用"①。符号的能指具有的这种特点和作用,虽然在不同的接受者那里对符号的意义解读可能有所不同,但在网络空间中呈现出的符号本身是经过符号生产者、传播者选择后的呈现,传递着符号生产者、传播者的意图,可以理解为一种自我认知行为。对接受者来说,无论是内群体成员还是外群体成员,在接受的过程中会对建构者传递出的文化身份信息产生一种回应。

3. 文化图像中独特的文化符号及意义生成

考察塔吉克人在网络空间中呈现的图像,有一些显现出独特文化特征的图片值得关注,图像中出现差异较大的符号的混搭,产生出新的意义。如图 5.1。

图 5.1　塔吉克人婚礼使用的花车（图片来自 YakTaj 综合平台）

图 5.1 中出现了装饰有塔吉克传统刺绣织物和彩带的汽车,让人耳目一新,汽车似乎不再是普通的汽车,刺绣织物和彩带似乎也有了新的意义,整个图片表达的意义是什么?这种意义是如何生成的呢?我们可以用符号学关于"能指—所指"的关系图示法来进行分析。索绪尔提出符号由能指

---

① 司文会.符号·文学·文化：罗兰·巴尔特符号学思想研究[M].北京：中国书籍出版社，2016：87.

和所指构成，但符号的"能指"和"所指"并不是简单的并置就能产生意义，它们只有在发生意指作用之后才能形成符号、产生意义。学界曾提出不同的图示来说明意指作用下能指和所指的关系，罗兰·巴特更加认可叶尔姆斯列夫的"ERC"图示法，叶尔姆斯列夫用 ERC 来表示意指系统，其中"E"是指表达层面，"C"是指内容层面，"R"则代表了表达层面和内容面之间的关系。① 罗兰·巴特指出，假定这样一个系统 ERC 本身也可变成另一系统中的单一成分，这个第二系统是第一系统的延伸。这样我们就面对着两个密切相联又彼此脱离的意指系统，构成符号的二级意指系统，第一系统在进入第二系统过程中，可以构成两种不同的方式。一种是第一系统（ERC）变成表达层面或第二系统的能指，表示为（ERC）RC，这就是叶尔姆斯列夫称作的含蓄意指符号学。第一系统构成了直接意指平面，第二系统（按第一系统扩展而成的）构成了含蓄意指平面。第二种方式是，第一系统（ERC）成为内容平面或第二系统的所指，表示为 ER（ERC），一切元语言都属此类。② 罗兰·巴特的二级意指系统思想和卡西尔所认为在旧的符号的基础上可以产生新的符号，产生新的意义的思想异曲同工。结合叶尔姆斯列夫的含蓄意指系统思想和罗兰·巴特的二级意指系统思想，我们用（ERC）图式来分析图 5.1，见表 5.4。

表 5.4 关于图 5.1 的 ERC 分析图式

（ERC）1	E1 有刺绣织物和彩带装饰的汽车图片	C1 塔吉克人用于婚礼的汽车，装饰物具有传统特色
（ERC）2	E2	C2 现代塔吉克人的婚礼是传统和现代的结合。塔吉克人的传统正在发生变化。

---

① 罗兰·巴特.符号学原理[M].李幼蒸,译.北京：生活·读书·新知三联书店,1988：141.
② 罗兰·巴特.符号学原理[M].李幼蒸,译.北京：生活·读书·新知三联书店,1988：169.

如图 5.1 所示，图片上直接意指层面是一辆有装饰物的汽车，这是一个典型的能指符号，如果加上对塔吉克人传统文化的了解，那么图片的含蓄意指层面则是这是一辆塔吉克人用于婚礼的汽车，汽车上装饰的是用于婚礼的具有传统特色的织物，红色是喜庆和幸福的象征，白色是纯洁的象征，传统的刺绣织物和色彩是塔吉克人族群文化的典型象征符号。族群文化背景赋予图片新的意义，装饰有塔吉克传统婚礼织物和彩带的汽车在第二层含蓄意指层面表达的是塔吉克人的婚礼是传统和现代的结合。这在含蓄意指层面表明塔吉克人是有自己文化传统的现代人，他们在现代社会中保存着传统的婚礼习俗。或者说塔吉克人正处在由传统向现代过渡的社会发展阶段，在这个过程中他们的传统在发生改变，既有对传统的保留，又有现代元素的加入。该图片来自塔吉克人创办的微信公众号"YakTaj 综合平台"，从图文推送后面的评论也可以看出网友对图片有两个层面的意义解读，一个层面上认为这种传统与现代结合的婚礼太好了，另一个层面上有人呼吁要注意保留自己的传统。再看图 5.2。

图 5.2 《独一无二的塔吉克婚礼》说明：图片来源：YakTaj 综合平台

结合叶尔姆斯列夫的含蓄意指系统思想和罗兰·巴特的二级意指系统思想对图 5.2 进行解读，见表 5.5。

142

表 5.5　关于图 5.2 的 ERC 分析图式

（ERC）1	E1 骑马的迎亲队伍，穿传统服饰的塔吉克新郎、新娘，汽车，戴墨镜、穿现代服饰的人	C1 塔吉克迎亲的方式表现出传统和现代的结合
（ERC）2	E2	C2 现代塔吉克人的婚礼是传统和现代的结合。塔吉克人的传统正在发生变化

图 5.2 和图 5.1 表达的意义在含蓄意指层面上相似，都传达出现代塔吉克人的婚礼出现了传统与现代相结合的现象，塔吉克人的传统正在发生变化。图 5.1 和图 5.2 中相同的符号是具有现代感的汽车，在具有现代性的象征方面图 5.2 中还增加了戴墨镜、穿西装的塔吉克人的人物形象符号。图 5.2 和图 5.1 的不同之处在于代表传统的符号方面，图 5.2 多了马和穿塔吉克传统服装的新郎、新娘人物形象符号。马和汽车，穿传统服装的新郎、新娘和穿西装、戴墨镜的送亲队伍既是一种混搭，也形成鲜明的传统与现代的对比，从对比中可以看出，塔吉克人的婚礼一方面具有了更多的现代元素，另一方面他们在关键的元素上也在极力保持塔吉克人的传统。塔吉克人的婚礼是塔吉克人重要的族群习俗和文化记忆，在 2008 年入选国家级非物质文化遗产。在网络时代，塔吉克人的婚礼图片在网络空间中广泛传播。可以说塔吉克人的婚礼习俗中既有物质层面的内容，也有精神层面的内容，从图 5.2、图 5.1 这一类的图片中可以看出处于社会转型期的塔吉克人对自身文化身份的认知以及他们的文化心理状态。

除了以上别具文化风格的婚礼图片，还有一类引入注目的"混搭"风格的图片，见图 5.3。

اقوام ملتهای چین یک خانواده اند، ارزو ۋتن را
بهم به پایان برسانیم
中华民族一家亲，同心共筑祖国梦

图 5.3　微信公众号"中国塔吉克"中的图片

  图 5.3 中的人物戴着塔吉克女性的传统圆顶帽，帽上配有精美的银饰和红色的头巾，呈现出典型的塔吉克风格。正如前文所述，塔吉克帽子是典型的文化符号，塔吉克人即使穿上现代服装，也一定会戴上传统的塔吉克帽子，在网络空间中呈现出有塔吉克人的图片也具有这样的特征，即使其他的文化特征在图片中没有显现，通常传统塔吉克帽子这个元素不会丢掉。除了典型的塔吉克帽子这个文化符号外，图片中的国旗是典型的国家象征符号。整幅图片在直接意指层面是塔吉克人是中国的少数民族之一。图片上的双语文字"中华民族一家亲，同心共筑祖国梦"传递出背景信息，整幅图片的含蓄意指是"塔吉克人具有高度的国家认同"。在传统媒介时代，塔吉克人的形象主要由"他者"塑造，塔吉克人的主要媒介形象是通过电影《冰山上的来客》塑造出的具有爱国护边传统的文化形象，还有一个相应的称谓——中国最爱国的少数民族。爱国护边的媒介形象是塔吉克人乐于接受的媒介形象，他们早已将这种形象内化为自身文化的一部分，图 5.3 正是塔吉克人将国家和族群结合在一起形成的文化身份的认知的体现。这幅图片意义生产的过程可以用（ERC）图示来表示，见表 5.6。

表 5.6 关于图 5.3 的 ERC 分析图式

（ERC）1	E1 戴着少数民族帽子，拿着国旗，笑容灿烂的年轻女性	C1 塔吉克民族是中国的少数民族之一
（ERC）2	E2	C2 塔吉克民族是具有较高国家认同的少数民族

罗兰·巴特认为任何可以用来沟通、传播的事物，例如声音、物品、形象等，以及这些事物的组合都可以看作符号。图像中有符号，图像本身也是一种符号，符号与符号组合在一起促成意义的产生。从塔吉克人在网络空间中生产的图像来看，既有突出族群文化传统符号的意识，又有现代符号元素的加入，反映了塔吉克人对自己文化身份的认知和想要向世人呈现的现代塔吉克人的文化面貌。

相比于塔吉克人在网络空间中的族群图像传播，哈萨克族和柯尔克孜族借助网络新媒体传播族群形象的主动意识没有塔吉克人强烈。在微信、QQ等应用中，哈萨克族和柯尔克孜族的使用者呈现的图像也有一些传统节日、婚礼的内容，传播的频率不高，内容更具现代感，尤其是传播自己或亲戚朋友的结婚照以西式婚纱照居多。在"美篇"等以图像传播为主要功能的App中，哈萨克族和柯尔克孜族用户呈现的一般是自己的日常生活，呈现哈萨克族转场、驯鹰、柯尔克孜族风土人情的往往是到新疆观光旅游或做学术考察的外群体成员。在网络新媒体公共性平台如百度贴吧中哈萨克族和柯尔克孜族的图片呈现也有较大的差异性。笔者对哈萨克族和柯尔克孜族在百度贴吧中关注用户和发帖数较多的"哈萨克吧""柯尔克孜吧""柯尔克孜族吧"中的精品图片帖类型进行了梳理。

"哈萨克吧"注册用户逾 2.8 万人，[①] 发帖数逾 169 万帖，其中精品帖

---

① "哈萨克吧"的注册用户不全是哈萨克族人，有柯尔克孜、汉族等其他兄弟民族以及对哈萨克文化感兴趣的人等。根据用户注册名、头像、发帖表达方式、称谓和语气的使用等可以判断大部分为哈萨克人，本课题在 2017 年梳理统计其发帖图片类型时结合这些因素进行了选择。

1229个,在精品帖的分类名目中有专门的"哈萨克图片"和"精品视频"板块,有精品图片帖252个,精品视频帖88个。具有代表性的图片帖主题以及主题下的具体内容见表5.7。

表5.7 百度贴吧"哈萨克吧"中具有代表性的图片帖主题

主题类型	主题内容	主题类型	主题内容
人物历史照片	古老的哈萨克	哈萨克斯坦	哈萨克斯坦随手拍
	古老哈萨克历史照片		冬奥会——阿拉木图
			哈萨克斯坦各大学
	古代哈萨克		哈萨克斯坦的历史照片
			哈萨克斯坦历史博物馆
	哈萨克之《古典哈萨克人影像》杂志		哈萨克斯坦的美女们
			哈萨克斯坦宪法日阅兵仪式
历史文化	哈萨克古老传说		哈萨克斯坦风景名胜大全
	马背上的民族——哈萨克风土人情		哈萨克斯坦大使馆
	【库尔曼资料】库尔曼编辑版		哈萨克斯坦西部风情
	哈萨克武士戎服与甲胄		舌尖上的哈萨克斯坦
	哈萨克婚礼服装		哈萨克斯坦少年军校
	5世纪的冬不拉		哈萨克斯坦鹿茸采收现场
	哈萨克图案艺术		你吃过几种哈萨克斯坦糖
	哈萨克先民系列		哈萨克斯坦各州州徽
	哈萨克毡房		哈萨克斯坦边防哨所纪实
			波澜壮阔的哈萨克斯坦(视频)
	突厥三大碑之暾欲谷碑全文		原创哈萨克斯坦电影集(视频)
			认识哈萨克斯坦短片(视频)

续表

主题类型	主题内容	主题类型	主题内容
本土风光	我爱我的伊犁河那里的哈萨克	各国的哈萨克人	车窗外的风景、南哈的辽阔之美
	富蕴县牧场的照片		哈萨克斯坦政策广告
	塞外西施——新源		奥伦堡州的哈萨克人
	伊犁、唐布拉草原牧民生活照		土耳其的哈萨克族篇
	新疆昭苏喀尔坎特大草原上演"万马奔腾"		蒙古国的哈萨克斯坦人
	三月的牧场(新疆伊犁尼勒克)(视频)		
	秀一秀我美丽的家乡布尔津		加拿大的哈萨克(人)(视频)
民俗	哈萨克训鹰		哈萨克斯坦的帅哥美女
	哈萨克头巾图片集锦		图说哈萨克斯坦空姐
	哈萨克人打馕全过程		中国第一代哈(萨克)族飞行员米尔扎克力

笔者着重考察了柯尔克孜族使用较多的网络公共平台"柯尔克孜族吧"和"柯尔克孜吧"。"柯尔克孜族吧"关注用户近2000人,帖子逾2.2万帖,104个精品帖,分为"民族历史、民族文化、民族语言、民族精神"四个板块,没有专门的图片板块。另一个"柯尔克孜吧",关注用户近1500,帖子逾1.3万个,104个精品帖,也没有图片板块。综合两个贴吧的精品图片帖情况,具有代表性的图片帖主题以及主题下的具体内容见表5.8。

表 5.8 百度贴吧"柯尔克孜吧"和"柯尔克孜族吧"中具有代表性的图片帖主题

主题类型	主题内容	主题类型	主题内容
柯—哈友谊	冬不拉弹奏、演绎两民族之间的深厚友谊	吉尔吉斯斯坦	吉尔吉斯的美景
	柯尔克孜族和哈萨克族		视频：《吉尔吉斯斯坦王国》的1170周年
			吉尔吉斯斯坦邮票
人物	不畏强敌、英勇献身的祖辈们		世界游牧民族运动会——吉尔吉斯
	柯尔克孜族的伟大领袖伊斯哈克伯克·穆努诺夫		为什么吉尔吉斯斯坦蜂蜜可以称霸世界蜜坛
	吉尔吉斯文化名人		十八天的吉尔吉斯斯坦游记
	柯尔克孜人（历史和现代，均着传统服饰）		吉尔吉斯斯坦的经济命脉——库姆托尔金矿
	历史大图库（各个时期的柯尔克孜人）		吉尔吉斯斯坦什么都美
	新疆防守第一人——可兰白克（篮球运动员）（当代名人）		
	在吉尔吉斯斯坦的中国柯尔克孜（阿迪力·居努斯）（当代名人）		秀美吉尔吉斯
	中国柯尔克孜 文学巨匠们（可补充其他）（当代名人）		吉尔吉斯斯坦周新闻
	反沙俄英雄——柯尔克孜（历史英雄）	风俗文化	柯尔克孜族婚俗
	柯尔克孜的英雄们及历史上的地位		制作柯尔克孜传统物品
	勇敢的巴尔日斯汗（历史英雄）		柯尔克孜民族服饰

续表

主题类型	主题内容	主题类型	主题内容
历史文化	明清时期柯尔克孜族的历史	风俗文化	柯尔克孜族女士的帽子
	柯尔克孜人的祖居地——叶尼塞河概况（亚洲）		最炫民族风之柯尔克孜
	黠戛斯——叶尼塞河岸边的骑手		柯尔克孜族的马奶酒
	历史底片——柯尔克孜		柯尔克孜族库姆孜
	吉尔吉斯的灿烂文明与文化		柯尔克孜族制作的手工艺品

我们再将着重考察的塔吉克族、哈萨克族、柯尔克孜族在网络公共平台百度贴吧的中图片帖类型进行整理，具体情况见表5.9。

表5.9 在百度贴吧中发布的图片类型

族别	图片帖类型	备注
塔吉克族	人物、公益形象、基础建设、爱国拥军、自我展示、现代婚礼、外群体与塔吉克人	类型比较丰富，与现代生活联系紧密的比较多；人物图片以现代塔吉克青年和儿童为主；爱国拥军类突出
哈萨克族	人物历史照片、哈萨克斯坦、历史文化、各国的哈萨克人、本土风光、民俗	人物图片以历史上的哈萨克人物形象图片为主；对哈萨克斯坦的风景、政策、公共机构等关注较多；关注在世界各地的哈萨克人
柯尔克孜族	柯—哈友谊、吉尔吉斯斯坦、人物、历史文化、风俗文化	体现柯尔克孜族和哈萨克族的友谊；人物图片主要是柯尔克孜族历史和现代的名人、英雄人物；对吉尔吉斯斯坦的风貌、特产关注比较多

阿莱达·阿斯曼曾指出：文字曾经被阐释为思想的直接溢出，图像

则被解释为一种强烈情感或者下意识的直接表现。图像的力来自它们不可控制的情绪潜能。[①]对于符号与意义建构的关系，罗兰·巴特（Roland Barthes）将索绪尔的"能指—所指"符号观从语言学领域扩展到更加广阔的领域。罗兰·巴特强调符号的"能指是一种中介物，它必须是一种'质料'因，能指具有直观性的特点和中介性的作用"[②]。符号的能指具有的这种特点和作用，虽然在不同的接受者那里对符号的意义解读可能有所不同，但在网络空间中呈现出的符号本身是经过符号生产者、传播者选择后的呈现，传递着符号生产者、传播者的意图，可以理解为一种文化自我认知行为，在建构的过程中形成文化身份的认同。

三、网络空间不同场景中的文化符号呈现

美国传播学者梅罗维茨结合麦克卢汉的"媒介理论"和戈夫曼的"拟剧"理论，提出"媒介场景理论"，认为电子媒介通过改变社会生活的"场景地理"来影响人的行为，人们在不同的媒介场景中的表现可能存在较大的差异性，这并不表明人们在媒介环境中的身份不具有同一性，而是每一个特定的场景都有具体的规则和角色，我们适应社会生活的方法之一就是学习我们文化中的场景定义，每种场景都是一个议程。[③]在对塔吉克人在网络空间中的符号呈现进行考察的过程中发现与梅罗维茨的观点相呼应的现象是：在不同的网络应用场景中，塔吉克人凸显的文化符号有较大的区别。

[①] 阿莱达·阿斯曼.回忆空间：文化记忆的形式和变迁[M].潘璐，译.北京：北京大学出版社，2016：247.

[②] 司文会.符号·文学·文化：罗兰·巴尔特符号学思想研究[M].北京：中国书籍出版社，2016.87.

[③] 约书亚·梅罗维茨.消失的地域：电子媒介对社会行为的影响[M].肖志军，译.北京：清华大学出版社，2002：22.

（一）不同场景中的文化符号呈现

在这一部分的考察中，笔者主要关注的是塔吉克人在网络空间中与群体文化形象表达相关的行为，考察的范围主要是塔吉克人在微信朋友圈和百度贴吧中的呈现。首先是微信朋友圈的应用。根据对塔吉克人微信使用的问卷调查显示，在回收的 587 份有效问卷中，经常发朋友圈的 157 人，偶尔发朋友圈的 281 人，只看别人发、自己从来不发的 110 人，从不看朋友圈、自己不发的 35 人，不使用微信的 4 人。由此可见塔吉克人的微信使用率较高，会在微信朋友圈贡献内容的占 74.62%。笔者根据年龄、性别、职业的均匀分布条件，从 160 余名塔吉克微信好友中筛选了 80 名在微信朋友圈呈现内容比较积极的塔吉克族微信好友，特别备注了他们的微信名，并进行了为期一年以上的重点观察。微信朋友圈的呈现比较突出的有以下方面。

大量国家符号的呈现。在塔吉克朋友的微信朋友圈里一个突出的特征是有大量的国家符号的展现。从笔者观察的 80 名微信好友的朋友圈内容看，每个人在朋友圈转发、展示的内容都有国家符号，最多的是中华人民共和国国旗、国徽和国家领导人的照片，不少人的微信封面采用的是有国旗、国徽的图片，或者将自己的照片和国旗、国徽组合在一起。还有不少人表达对已逝国家领导人的缅怀，对现任国家领导人的敬仰，对中华人民共和国繁荣富强的赞美，等等。如图 5.4。

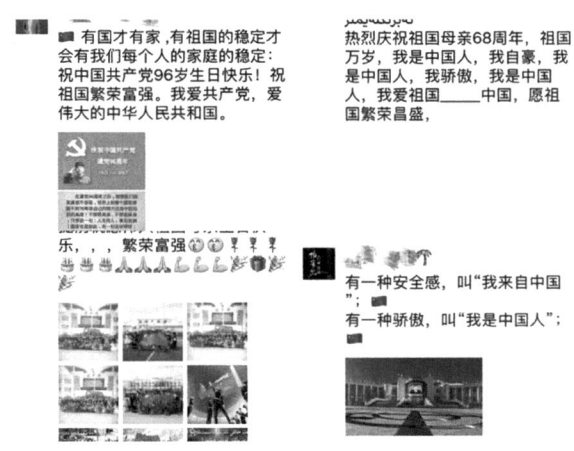

图 5.4 塔吉克人微信朋友圈中的国家符号

对于以往媒介上塑造的爱国护边的塔吉克人形象和称塔吉克人为"最爱国的少数民族"这类由"他者"建构的形象,塔吉克人是接受并赞同的,在接受的过程中塔吉克人将爱国护边的群体形象与清代抗击阿古柏入侵的塔吉克英雄库尔察克的故事一起内化为群体文化记忆中爱国传统的主要内容。在塔吉克人的日常生活中处处可见大量具有国家象征意义的符号,塔吉克人有在家中挂国家领导人照片、张贴国旗图片或挂国旗的习惯,这是一种自发行为,塔吉克妇女善于刺绣,有的塔吉克人家中挂的是女主人为国家领导人绣的绣像。

笔者在田野调查中发现一个现象,当地的单位有时候会要求员工在微信朋友圈中转发与国家政策相关的内容,地方政府在民族团结方面的举措,塔什库尔干县守边护边先进事迹的相关报道,等等。或者配合自治区的"发声亮剑"活动在微信朋友圈中发文表达自己维护民族团结、祖国统一的立场。这种规定性转发内容较好识别,在朋友圈中会在大致相同的时间段里同时出现,与上文所述在朋友圈展现大量国家符号的现象有区别。

塔吉克人在朋友圈呈现的内容除了大量的歌曲外,文化历史方面以中华文化的内容居多,除了转发中华文化相关知识性内容,还会呈现一些中华传统文化里具有伦理道德意味的谚语,或关于为人处世的古代名人名言。这种情况在笔者的微信朋友圈中比较常见,有的转发频率很高,具有典型性,如图5.5:

图 5.5 塔吉克人微信朋友圈里与中华传统文化相关的内容

具有这类行为的通常是塔吉克人中的知识层，受过良好的教育，在塔什库尔干县教育系统或其他事业单位工作。朋友圈的这类发布行为没有时间规律，比较随机。笔者认为这种现象可以与塔吉克人的微信朋友圈和生活空间中呈现出大量国家符号的现象结合起来理解，国家认同不仅是对国家主权的认同，也包含一个国家公民对自己祖国的历史文化传统、道德价值观念、理想信念的认同成分。塔吉克人的族群文化是中华文化中的一部分，塔吉克人因高度的国家认同而产生了强烈的对中华文化的认同。

[个案5-11] YS（男，27岁，曾在上海上过大学，毕业后回到塔什库尔干县工作，大量转发微信公众号"国学小常识"推送的内容，有时一天转发三篇以上）

问：我经常看见你在朋友圈转发一些国学方面的内容，你对国学很感兴趣吗？

答：现在要学好国语，学习传统文化，里面有很多做人做事的道理。

问：你有没有做微信公众号的想法？

答：有啊，我以前和几个朋友做了一个网站叫"金冠"，用的是国语，买了域名，空间，后来没办成。现在我又想办个公众平台，也叫"金冠"，因为塔吉克有"王冠"的意思，以后成立一个金冠文化传媒公司。我设想的是办四个板块。一个是塔吉克文化讲堂，主要是塔吉克文化、习俗、传说等，我想文章用国语，中间插一个短视频，用塔吉克口语介绍主要内容，因为现在年龄大一点的人看不懂国语。第二个板块是塔吉克习惯法方面的以及习惯法和现在的法律的联系以及冲突等。第三个板块是塔吉克艺术，主要是把塔吉克歌曲放上去，把歌词翻译成汉语。我喜欢传统的塔吉克歌曲，用热瓦普和手鼓、鹰笛伴奏的。第四个板块是广告，因为我们也要吃饭，我不可能都拿我的工资来做，办这个平台翻译的工作量很大，我现在也在做翻译工作，把汉语、塔吉克语、维吾尔语互翻。

从对 YS 的访谈可以看出，当他设想创办微信公众号时，更多的是与塔吉克族群相关的内容，尤其是在音乐和影像方面，准备采用的语言主要是国家通用语言。

与微信朋友圈的转发相比，塔吉克人在百度贴吧中呈现的内容更具有族群文化特色。本章第二部分论述过塔吉克人在网络空间中的文化影像类的呈现，主要有塔什库尔干风光、塔吉克人的婚礼、叼羊、马球、节庆等民俗，以及塔吉克鹰舞、爱国护边人物、穿着民族服装的女性和儿童，等等。在百度贴吧中突出的内容还有话题讨论，讨论的内容主要有几个方面：（1）族群血统、人种问题；（2）是否与外群体通婚问题；（3）语言问题；（4）宗教信仰问题。在这些话题讨论中，塔吉克人时常和外群体进行互动交流，这些类型的话题在微信朋友圈中几乎不出现，在生活中一般也不会和外群体讨论。

从塔吉克人在百度贴吧、微信朋友圈中呈现的符号来看，在网络空间的不同场景中，塔吉克人凸显的文化身份层次是有差异的，在微信朋友圈中呈现的大量国家符号，表现出对中华传统文化的喜爱并有相关的文化符号呈现，同时凸显了对国家的高度认同、对中华文化的认同。在微信公众平台和百度贴吧中，也体现出对国家的认同，在文化符号呈现方面以突出塔吉克族群传统文化符号为主。另外，在微信朋友圈中几乎不出现与人种、血统、宗教相关的内容，在贴吧中这类话题会引来不同的争论，且出现了塔吉克人与外群体成员互动讨论的情形。

（二）解读：网络空间中的自我呈现

如何理解塔吉克人在网络空间的不同场景中凸显的文化符号的差异？社会身份理论和认同身份理论都认为个体拥有多重身份，个体的多重身份是按照一定等级来排列的，因此他们提出"身份凸显"的问题。关于身份凸显的影响因素，社会身份理论认为，身份的凸显取决于社会情境的要求和个体与社会之间的交互作用，即身份的激活和凸显具有情境性。① 塔吉克人在网络空间的不同场景中凸显了不同的文化身份中的不同层次。在百度贴吧中，塔吉克人凸显的是族群文化身份；在微信朋友圈中，族群文化身份退居次要的位置，凸显的是作为中华民族一员的文化身份。戈夫曼（Erving Goffman）将人们在日常生活中自我呈现的场景分为"前台"和"后台"，前台是表演者进行表演的地方，在前台，表演者要努力维护想要呈献给观众的理想的自我形象，要小心谨慎；后台是表演者设计表演的地方，在后台，表演者可以使自己处于相对放松状态。② 梅罗维茨结合了麦克卢汉的"媒介理论"和戈夫曼的"拟剧"理论，将媒介场景视为人们表

---

① J. E. Stets, P. J. Burke. Identity Theory and Social Identity Theory [J]. Social Psychology Quarterly, 2000, 63: 224-237.
② 欧文·戈夫曼. 日常生活中的自我呈现 [M]. 黄爱华，冯钢，译. 杭州：浙江人民出版社，1989: 107.

演的大舞台，因为媒介带来了表演舞台的重新组合，观众也在产生变化，因而表演者的社会行为也会发生相应的变化。梅罗维茨认为，处于不同媒介场景的人会根据自己所处的场景表现出"恰当行为"。①戈夫曼的"前台""后台"观念和梅罗维茨媒介场景理论中提到的观众问题，为我们解读塔吉克人在网络空间的不同场景中凸显出不同的文化身份层次提供了两把钥匙。

首先从"前台""后台"来看，由网络技术和网络媒介的使用构造的网络空间是一个有别于日常生活空间的新的领域，由于网络技术的即时性、连接性特征，由于网络空间和日常生活空间的交流互嵌，网络空间成为虚拟和现实交织的双重空间。网络空间不是单纯的前台或后台，由于观众的区隔，在网络空间中的不同活动区域构成了不同的前台和后台。相对而言，在贴吧中，面对的"观众"几乎是外群体成员，个人的真实身份通常处于隐匿状态，因此，可以说，贴吧在网络空间中具有后台性质。相对于贴吧，微信朋友圈更具有前台的意味，因为在这些网络空间的情境中，个人真实身份往往是公开的，因此微信朋友圈中的社会关系和生活中的社会关系更为接近，具有更多的前台性质。

其次看面对的"观众"。首先在以"塔吉克族"命名的百度贴吧中，塔吉克人是以族群身份出现的。在百度贴吧中面对的观众，除了内群体成员，还有很多对塔吉克文化感兴趣或因为好奇而进入贴吧的外群体成员，塔吉克人主要以族群身份与外群体成员进行交往，因此要努力呈现能表现自己族群文化特征的符号，凸显自己的族群文化身份。微信朋友圈里除了大量的内群体成员，其他好友也基本上是了解自己身份的成员，微信朋友圈里的关系除了朋友、家人，可能还有同事、上下级等关系，在与了解或

---

① 约书亚·梅罗维茨. 消失的地域：电子媒介对社会行为的影响[M]. 肖志军，译. 北京：清华大学出版社，2002：4.

熟悉自己身份的成员交往时，他们没有必要强调自己的族群身份，因此会体现出更加丰富的文化符号。当然，对不同的网络媒介使用者来说，前台、后台的区隔不是绝对的，有时候前台可以变成后台，后台也可能转换成前台，或者说会出现某种前台和后台交叉的"中间区域"。比如说微信朋友圈的分组功能、屏蔽功能等也可能把前台变成后台，而在贴吧中，也有可能遇到熟悉自己的人或因为其他原因暴露自己的真实身份。此处我们讨论的是不采用上述网络应用特殊功能的一般使用状态。塔吉克人在网络空间中呈现的符号也具有多种元素，体现出混搭的特征。

本章小结

本章主要关注塔吉克人利用网络媒介的技术特性，在网络空间中进行符号生产的行为，并从这一层面探讨"网络媒介的使用与塔吉克人自我认知"的相关问题。在这一章中主要关注的是塔吉克人在网络空间中的群体文化自我认知行为。

塔吉克人属于跨界民族，他们生活在波斯—中亚塔吉克文化圈和中华文化圈的重合之处，受以中华文化为主体的多元文化影响。由于特殊的地理环境和自然环境，在传统社会中，塔吉克人交流的对象主要是内群体成员，极少关注群体的文化身份问题。进入网络时代，网络媒介的使用突破了时空限制，使塔吉克人与更多的外群体成员相遇，促使塔吉克人关注自己的文化相关问题。以互联网为核心的技术革命赋予了个体使用网络媒介进行符号生产的权力，个体也因此获得了通过网络空间中的符号生产来强化、重塑、创造自我文化形象的可能。笔者通过实地田野调查和对塔吉克人在网络空间中的符号生产长期的考察，发现塔吉克人（尤其是族群精英、知识层）具有利用网络媒介进行群体文化自我认知的主动意识，突出表现

在他们利用网络媒介传播原创音乐，传承塔吉克人文化图像。另外，塔吉克人在网络空间的不同情境中凸显出以中华文化为主体的多元一体的文化层次，塔吉克人利用网络媒介在网络空间中的符号生产行为与自我认知密切相关，极具想象力和创造力。

第六章
人与媒介的互动：意义的追寻与生成

卡西尔（Ernst Cassirer）在《人论》中指出，认识自我乃是哲学探究的阿基米德点。[①] 当人们开始思考"我是谁"的问题时就是追寻意义之旅的开启。对于意义的生成，自柏拉图开始，外在于人的意义观念成为主流思想，这种观念认为意义是独立于人之外的存在，是固定的，需要人用理性去发现和把握。在传统媒体时代，由于信息流动的自上而下的特征，意义的生成主要被拥有"符号权力"的权力层垄断，一般个体习惯于获取而非创造。由网络技术的特征带来的网络状、平面状的信息流动方式引起传播形态的改变，赋予了一般个体生成意义的可能。人们开始意识到意义是动态的、可创造的，意义生成于人的观念开始受人瞩目。然而，网络媒介带来的可能性并不等于已经实现的现实，意义的生成并非一蹴而就，而是一个有诸多因素相互作用的过程。

本书通过对塔吉克人网络媒介的使用与自我认知过程的考察，发现在一个处于相对封闭的场域和传统状态的"人群"中，一种新的媒介的进入会经历不同的使用阶段，从而谱写自己在这个群体性社会中的"传记"。本书在研究的过程中发现，塔吉克人对网络媒介的功用有自己独到的理解，他们对网络媒介的使用是从网络媒介的物质形态到技术特性的全方位的使用。从作为家具、礼物的使用到作为连接、搜索工具的使用再到网络空间中的符号生产，他们总是能结合自身所处的环境对网络媒介进行改造、挪

---
① 恩斯特·卡西尔.人论［M］.甘阳，译.上海：上海译文出版社，2013：3.

用或创造性使用。在使用的过程中，网络媒介不仅对塔吉克人的社会文化环境、经济生活产生影响，还一步步对他们的自我意识产生影响，呈现出自我意识从触动、感知到觉知的发展轨迹，从而在日常生活中和网络空间中产生相应的从无意识到有意识的自我认知行为，呈现出从"我是"、"我该"到"我能"的自我认知过程。这个过程，也是人与媒介互相形构的过程。

一、人对媒介的创造性使用

自我认知是一个认同和建构交织在一起的动态过程，自我认知主要关注的是自我认知和社会环境、社会关系的互动，自我认知又往往被外在的社会环境限制。当网络媒介这个变量加入固有的社会环境中时，就会带来社会环境的变化，继而影响到人的认知和意识的变化，促成自我认知行为的产生。塔吉克人的网络媒介使用行为和自我认知的过程，客观上经历了一个从"触动感知"到"唤起认知"再到"自觉觉知"的过程。在这个过程中，不同的使用阶段对不同的人群产生不同程度的影响，这一点与罗杰斯提出的"创新扩散"的过程比较相似。罗杰斯提出的创新扩散理论将创新事物的采用者分为创新者、早期采用者、早期众多跟进者、后期众多跟进者、滞后者五种类型。将创新事物进入某一区域或某类人群从接触到采用的过程分为：获知、说服、决定、实施、确认五个阶段。[①] 上述每种类型的采用者出现在创新事物进入某一领域的不同阶段。塔吉克人在使用网络媒介的过程中产生了类似的使用者类型，本书将塔吉克人对网络媒介的使用划分为三个层次的使用：一是对其物质形态的使用；二是对其连接性、搜索性技术特性的使用；三是在网络空间中进行内容生产的使用，不同的阶段对塔吉克人的自我认知和意识产生不同的影响。

---

① Rogers, E. Dijfusion of Innotations. 3 ed. New York: Free Pres, 1983.

首先是塔吉克人在日常生活空间中对网络媒介物质形态的使用。当网络媒介被塔吉克人作为家具或礼物在日常生活空间中使用时，网络媒介作为一种新鲜事物的物的形象，为塔吉克人的感知带来触动。一方面，不论人们是否使用它的技术功能，网络媒介的物质形态作为一种象征着先进、现代、财富、品位的符号，客观上给塔吉克人产生了一种感官刺激，这种感官刺激的影响面极广，不需要接受者具备多少知识文化技能，凡是看到或听到的人都能接受到这种感官刺激。另一方面，网络媒介作为物的使用进入家庭空间、社会活动空间，客观上对塔吉克人固有的时间、空间秩序带来改变，由此带来家庭成员空间位置的微妙变化，进而带来社会关系和权力关系的变化，使传统社会中固化的身份状况受到挑战，这种现象主要体现在性别和年龄两个领域内。例如，电脑在客厅中挤占或取代电视机的位置，客观上解构了以电视和家庭中的大家长为中心聚合的家庭中的仪式化空间，青年人或女性可能进入以往在家庭中被视为具有权威性的位置，对大家长的权威构成挑战。对于女性而言，网络媒介的使用可能使她们在家庭中的活动空间得到拓展（尤其是一些把未完成的工作带回家庭中处理的女性），女性的工作空间从厨房拓展到客厅或卧室，女性在家庭中的单一角色发生变化。空间从来就不是单纯的所在，正如福柯所说，"空间是任何形式公共生活的基础；空间是任何权力行使的基础"[①]。空间与权力之间关系密切，空间秩序的展现隐含着权力运作的模式。网络媒介作为物的使用对塔吉克人的空间感知的影响不容忽视，因为这种感知可能带来自我意识的萌动，从而对认知产生影响。

塔吉克人在日常生活环境中对网络媒介技术的连接性使用和搜索性使用，突破了固有的时空限制。在这个过程中，原有的社会关系发生变化，新的社会关系得以产生。新的社会关系使塔吉克人在传统社会中的资本分配规则遭遇挑战，随着人们在社会中的资本占有量发生变化，人在社会中

---

① Michel Foucault. Space，Knowledge，and Power［A］// The Foucault Reader. Paul Rabinow（ed.）. New York：Pantheon，1984：252.

的身份、地位发生相应的改变,整个社会环境随之变化,进而对人的认知和意识产生影响。在对网络媒介的技术性使用过程中,网络媒介带给人的刺激不仅是感官的触动,而是认知上的唤起。人们意识到,网络媒介的使用可能直接带来社会身份的变化或产生新的社会身份,网络媒介具有的技术特性在塔吉克人的使用过程中扮演着"赋权器"的角色。从某种程度来说,使用网络媒介的过程是一个"自我赋权"的过程,也是一个自我认知、自我意识被唤起的过程。一个直观的现象就是:塔吉克青少年通过使用网络媒介购买到价廉物美的时尚服装,在一定程度上获得穿着的自主权。这就是一种自我意识的体现,因为这种围绕身体进行的消费行为与自我认同具有直接的关联。毕尔格认为,"要成为同一的自我,我就必须放弃作为自然存在的直接性"①。在传统社会中,对穿着具有统一的要求,身体是"集体性"的,网络媒介使人们追求身体的"个体性"在某种程度上获得允许,客观上是对塔吉克人的自我认知和自我意识的一种唤起。另外,塔吉克人利用网络媒介进行婚恋交往、创业等更是一种自我意识被唤起的典型表现。

随着互联网技术的发展,从最初的门户时代到搜索时代,从以微博为主的 Web2.0 时代到社交网络时代,塔吉克人对网络媒介的使用形式发生着阶段性变化。当塔吉克人进入社交网络时代,与更多的外群体成员相遇时,促使他们去主动思考"我是谁"的问题。有学者指出,"社会个体只有意识到自己是某个群体的成员,才能获得最基本的归属感,避免身份意识缺位,避免被孤立和边缘化"。②作为世代在新疆定居的十三个主要民族之一的塔吉克族,因为塔吉克人的欧罗巴人种特征,常常被误认为外国人,再加上多元一体的文化背景,他们面临着对文化身份的自我认知和向他者呈现的问题,在这个过程中,他们开始有意识地通过在网络空间中的内容生产来呈现自己的文化特征。巴斯认为,"虽然文化差异在族群分类中的重

---

① 彼得·毕尔格.主体的退隐:从蒙田到巴特间的主体性历史[M].陈良梅,译.南京:南京大学出版社,2004:10.

② 黄剑.身体维度下的自我认同[J].青海民族研究,2012(1):14—19.

要作用不可低估,但差异本身没有意义,行动者自己决定哪些差异需要强调,哪些会被否认,用何种符号、方式在何种场合中表现自己的身份"[①]。塔吉克人向外群体呈现的文化差异是自觉选择的结果,实际上就是文化身份的自我建构的过程。在传统媒介时代,塔吉克人的文化身份主要通过"他者"来表达和建构;在用户生产内容的网络媒介时代,网络新技术带来了自我表达、自我建构的可能。这在客观上激发了塔吉克人对自我意识、群体意识的觉知。当然,这种觉知首先体现在塔吉克人的族群精英和知识层中。以塔吉克人创办的微信公众号为例,笔者在调查中发现,目前创办微信公众号的塔吉克人都有在乌鲁木齐或北京、上海等地求学的经历,个别的目前仍是北京某高校的在校大学生。他们虽然在生活中使用的语言和衣食住行习惯不一定体现本族群的文化,但一定代表本族群文化,或者是本族群文化的象征。他们在网络空间中是族群文化的积极倡导者和传播者,是最具有自觉意识的群体,是网络空间中群体性文化身份积极的建构者。

从塔吉克人对网络媒介的不同的使用方式和不同使用阶段来看,在对网络媒介的物质形态和搜索性、连接性技术特性使用的过程中,塔吉克人的个体自我意识被触动、被感知。这个过程主要体现在一部分网络媒介使用者在自己生活的社会环境中,在内群体中产生了对自我身份重新认知和建构的愿望,这是一个从无意识到有意识逐渐发展的过程。塔吉克人在网络空间中的符号生产的使用主要体现的是群体性文化意识的觉知。在网络空间中,塔吉克人更多的是以群体性身份出现,通过对本族群文化特征的选择性展示、传播来建构本族群的群体文化身份,在选择传播的过程中有对自身文化属性的反思,因此,更多地体现为一种有意识的行为,也就是费孝通先生提出的"相对他而自觉为我"的觉知行为的表现。在网络空间中,他们根据空间中不同的场景,对自己的文化身份层次有不同的表达和呈现,他们向世人呈现的是经过对自己的文化身份进行反思后,认为应

[①] Fredrik Barth, eds. Ethnic Groups and Boundaries: The Social Organization Culture Difference [M]. Boston: Little, Brownand Company, 1969: 14.

该呈现和能够呈现给世人的群体文化形象,这是一个意义追寻和建构的过程,是一个从"我是谁"、"我应该是谁"到"我能成为谁"的认知和实践的过程。

二、人与媒介的协同发展

本书选择以网络媒介的使用与塔吉克人自我认知作为研究问题,发端于对"人与技术的关系"的研究旨趣。与网络媒介共生的传播技术是人类历史上重大的技术革命,带来人类社会的巨变。因此,在本书的主体部分行将结束之际,我们要讨论的是人与媒介的关系问题,实际上也是人与技术的关系的问题。麦克卢汉有句名言:我们塑造了工具,此后工具又塑造了我们。本书将网络媒介的使用与塔吉克人自我认知作为一个过程来进行考察,并尝试通过探讨塔吉克人在特定的环境中与媒介技术的关系,进一步思考人与技术的关系问题。

从塔吉克人对网络媒介的使用与自我认知的过程来看,网络媒介带来的对塔吉克人身份意识的触动、唤起、觉知的过程也是塔吉克人对网络媒介的接触、挪用、创造性使用的过程。通过这个双向互动的过程,人与媒介都在谱写自己的"传记",生成自己的意义。如果要问在这个过程中,到底是谁塑造了谁?本书认为,塔吉克人与网络媒介在这个过程中互相形构着对方。应当注意的是,这个形构的过程中有一个关键变量——自我意识,还有一个中间变量——环境,即由自然地理、社会文化和媒介共同构造的环境。

塔吉克人原本生活在相对封闭、相对稳定的社会环境中。在空间需要用时间去丈量的时代,塔吉克人与外群体接触较少,在固有的环境中,身份具有给定性、集体性,极少考虑自我身份问题。网络媒介跨越时空的连接性改变了塔吉克人生活环境中固有的时空秩序,将几乎没有经历过工业化阶段的塔吉克人从传统社会带入信息社会，造成塔吉克人社会环境的极大改变。环境的变化主要由环境中的一些变量促成，包括环境中资本的转化与获得方式的变动，以及新的社会关系和权力关系的产生等。从媒介环境来看，在传统媒介时代，孤悬于一隅的塔吉克人很难向外界进行自我表达，他们的媒介形象主要由"他者"塑造，塔吉克人自身基本处于失语状态，网络时代的到来为塔吉克人开启了自我表达、进行自我塑造的可能。社会环境和媒介环境的变化对塔吉克人的自我意识产生影响，促使塔吉克人逐渐产生自我认知行为。虽然这种行为的开端可能并非有意识的行为，但对塔吉克人在现代社会进程中寻找自己的坐标、对塔吉克人的未来发展具有重要的意义。正如德国哲学家谢林（F.W.J.V Schelling）在探讨行为开端时的状态时所说，"开端不能知道自身。那一行为一旦发生了，它就永恒地发生了。以某种方式将要真正开始的决断，不必被带回到意识；它不必被唤回，因为这将等于被带回。如果在做决定时，某人坚持重新检验其选择的权利，他就绝没有开始"[①]。

塔吉克人在自己特定的生活环境中使用网络媒介，在网络媒介和自身所处环境的双重影响下，有意识或无意识地对网络媒介进行了创造性的使用。一个直观的现象是塔吉克人在家庭生活和社会交往中把网络媒介物质形态（电脑、手机等）作为具有象征功能的家具、礼物的使用。在基于网络媒介技术特性的使用方面，塔吉克人的创造性使用尤其突出，例如，在较长一段时间内使用"附近的人"用来拓展正常的人际交往，既是基于塔吉克人所处的熟人社会互相信任的特征，也是由于塔吉克人所处的自然地理环境不能满足塔吉克人与外群体交往的需求，促使他们通过"附近的人"添加从外地来塔什库尔干县旅游、工作的外群体成员。此外，利用网络媒介进行文字的创制与传播、创制和发行音乐作品、放牧护边等是塔吉克人十分具有想象力和创造力的使用方式。正如齐泽克（Slavoj Zizek）所说：

---

① 谢林.世界时代［M］//斯拉沃热·齐泽克.自由的深渊.王俊，译.上海：上海译文出版社，2013：183.

"上帝创造了他自己的历史,但他不是在单凭自己的兴致创造了它;他不是在他自己选择的环境下创造了它,而是在源自过去之直接遭遇的、被给予及被传递的环境下创造了它。"① 塔吉克人创造性的使用网络媒介的方式与塔吉克人生活的社会环境密切相关,塔吉克人在网络媒介使用的过程中表现出的想象力和创造力,也是塔吉克人自我意识变化发展的表现,是塔吉人对自己已有的生活和历史文化经验进行反思后的创造性活动。不难看出,在网络媒介进入塔吉克人社会与塔吉克人使用网络媒介的过程中,塔吉克人与网络媒介呈现出的是一个共生互构的关系,是一个互相塑造的过程。如果要对这种技术与人的同构关系做出解释,有必要探讨技术与人之间的非常隐蔽的一致性。

技术哲学中关于技术的起源有两种主要的观点:一是生物本能缺乏论,二是心理能量过剩论。生物本能缺乏论认为,从生物学的角度看,人类是最缺乏生物本能的物种。例如,很多动物出生一两小时后就能行走,不少动物天生就会游泳、飞翔、筑巢,而人出生后较长一段时间什么都做不了,需要全方位的照料才能存活。人类对自身生物本能缺乏的焦虑在古希腊神话中也有体现。在希腊神话中普罗米修斯之所以要去为人类盗取火种,是因为他的兄弟埃庇米修斯犯了一个错误,诸神在创造各种物种后派给埃庇米修斯的工作是为每个物种分配一个基本的本能,比如鹰可以高飞、老虎齿利、骆驼耐旱等,由于埃庇米修斯的失职,没有给人分配生物本能,负责检查埃庇埃庇米修斯工作的普罗米修斯只能去为人类盗取火种以弥补人类生物本能的不足。在这里对火种的使用是人类发明和使用技术的隐喻。在进化论者看来,技术的制造和运用是对人类先天功能缺失的一种弥补,是人类在先天功能缺失情况下的一种生存策略。心理能量过剩论的代表人物是刘易斯·芒福德(Lewis Mumford),在芒福德看来,人与动物关键的区别就在于人的大脑和心理,人具有充沛的心理能量,"人类内心对世

---

① 斯拉沃热·齐泽克. 自由的深渊[M]. 王俊,译. 上海:上海译文出版社,2013:107—108.

界和生活的强烈情感和感知是制造工具和形成理性思维的最深刻的动力之一"①。需要注意的是,芒福德所说的技术不是狭义的工具,而是广义上的技术,比如仪式、符号的制造以及各种工具等。因此,芒福德提醒人们谈论技术的起源必须考虑人的内在状态,技术的起源是和人的心理相关的。

两种关于技术起源的观念虽然不同,但生物本能的缺乏和心理能量的过剩,都表现出人外在性的缺失和内在性的充沛。从这个角度来说,技术作为一种人造物并不是中性的,人通过创造和使用技术来弥补天生的不足。按照芒福德的说法,人在创造技术之前要把心理创造出来,因此,技术并不是冷冰冰的,独立于人之外的存在。一项技术的发明创造中蕴含着人的意志和理想的寄托,这就是技术的人性化。以互联网技术为依托的网络媒介,从技术层面上来讲,具有"开放、连接、无中心、去权威"的禀赋,这实际上也是创造者追求"自主性、独立性、平等性"的意识的体现,其中蕴含着人对一种理想自我状态的追求。从这个角度来看,技术也是人的一个面向,技术的发展要求也是人自身的发展要求。

回顾传播媒介的发展历程,网络媒介无论是从技术特性上还是物质形态上都比传统媒介与人的精神和肉身的联系更加紧密。比如,人读书看报、看电视总是受时间和空间的限制比较多,书报放下、电视关闭,人和媒介基本上就处于分离状态。而从网络媒介的技术性能和物质形态的衍化来看,网络媒介逐步嵌入人的生活世界。从技术层面来看,网络媒介依托的互联网技术发展从"内容为王"的门户时代,到以"关系为王"的搜索时代,再到以服务为内容的 Web3.0 时代(网络成为用户需求的理解者和提供者),技术层面的发展越来越适应人的需要,与人的生活紧密地联系在一起。从物质形态层面上来看,从台式电脑、笔记本电脑、平板电脑到智能手机、智能手表、智能眼镜等,网络媒介各种不同的物质形态能满足人在不同场景中的使用和携带需要,人可以同时拥有各种物质形态的网络媒介,

---

① 王金柱、房静雅.殊途同归:人文主义技术哲学思想的比较研究——以刘易斯·芒福德和阿诺德·盖伦为例[J].科学技术哲学研究,2013(5):77.

加上移动互联网技术,网络媒介几乎和人连为一体,参与到人的整个生活情境中。麦克卢汉曾提出"媒介是人体的延伸",网络媒介在其发展的过程中与人的身体和生活紧密联系在一起,一旦使用一段时日,便须臾不可离,越来越多的网络媒介使用者一旦所处的环境不能上网,或者手机、电脑丢失就不知所措,仿佛丢失了身体的重要部分,这恰恰表明网络媒介逐渐与人融为一体,成为另一个"我"。美国技术哲学家凯文·凯利(Kevin Kelly)在《技术元素》中提出技术是一种生命的观点,他认为,人创造了技术,技术发展到了一定程度,要求造物主给他同样的权利,即技术想要跟人一样的权利。①莱文森也提出媒介人性化趋势理论,肯定人的主观能动性,认为媒介的衍化服从人的理性,有无穷的发展潜力,越来越人性化。②

从网络媒介的发展来看,技术产生于人又从未脱离于人,技术的要求实际上就是人自身的要求,人对网络媒介的修正、更新的过程,其实就是人对自身的修正、更新,向理想自我进化的过程,这在人与技术的关系中,表现为技术与人的同构。

从网络媒介与人的互相形构的角度,再回过头来看塔吉克人的网络媒介的使用与自我认知的关系问题。网络媒介所具有的技术特性首先打破了时间、空间的限制,带来了塔吉克人所处的社会环境的变化,客观上对塔吉克人自我意识、群体意识的萌动起到了激发作用。网络媒介带来的平面化、网络状的信息流动方式,为塔吉克人的自我认知和自我建构提供了可能。塔吉克人在使用网络媒介的过程中,结合自己所处的环境,对网络媒介进行了改造、挪用乃至创造性的使用,这个看似对网络媒介进行塑造的过程,其实也是塔吉克人发展自我认知、进行自我塑造的过程。人如何使用技术取决于人如何认识自己,人对技术的态度就是人对自己的态度。从塔吉克人网络媒介的使用与自我认知"我是""我该"到"我能"的过程,

---

① 凯文·凯利.技术元素[M].张行舟,余倩,周峰,等译.北京:电子工业出版社,2012:33.
② 保罗·莱文森.莱文森精粹[M].何道宽,译.北京:中国人民大学出版社,2007:26.

第六章 人与媒介的互动：意义的追寻与生成

也是塔吉克人的自我认知、自我意识一步步发展的过程。在这个过程中，塔吉克人对网络媒介主动的接触，对网络新技术主动的了解、学习，对网络媒介进行积极的创造性使用起到了重要作用。

塔吉克人对网络媒介的使用体现了人与媒介的积极互动，正是在这样一个积极互动的过程中，"我是"、"我该"成为"我能"。这个过程是人与媒介在社会环境中互相建构的过程，是人与媒介都在追寻和创造自己意义的过程，永远处于运动状态，永远没有终结。人之所以要追求意义，很大程度上来源于对死亡的恐惧、对某种永恒状态的向往，对技术的发明、创造和使用也是人追寻意义的一种方式和一个过程。对于塔吉克人而言，这个过程的意义就在于，在人类历史发展的长河中，他们在追寻和创造自己的意义中进行的尝试、付出的努力虽然渺小，但他们今天的追寻和创造可能成为明天的记忆，成为人类历史长歌中一个不可忽视的跳动的音符。从这个意义上来说，宁知刹那不是永恒。

本章小结

本章在第三章、第四章和第五章对"网络媒介的使用与塔吉克人自我认知"的问题进行详细考察的基础上，从经验研究回到理论探讨。本章主要讨论了两个问题：一是在塔吉克人使用网络媒介的过程中，网络媒介带来的自我认知的可能性是如何转化为塔吉克人自我认知的实践的？二是在"网络媒介的使用与塔吉克人自我认知"的过程中体现出的人与媒介的关系是什么？

本章在对前文进行回顾的基础上，分析了塔吉克人在使用网络媒介的过程中，社会环境中的哪些要素发生了变化，以及对自我认知产生的影响等。着重阐述了在塔吉克人使用网络媒介的过程中，自我意识发展变化的轨迹，认为网络媒介进入塔吉克人的生活，当其被作为具有象征意义的物

品使用时,对塔吉克人的自我意识产生触动作用;网络媒介具有的连接性、搜索性等技术特性,打破时空限制,带来社会环境中资本、权力关系、社会关系等诸多要素的变化,对塔吉克人的自我意识产生唤起作用;随着网络技术的发展,网络技术赋予个体在网络空间中进行符号生产的权力,这对塔吉克人的自我意识起到唤醒作用。与之相应的是,塔吉克人在使用网络媒介的过程中,自我意识经历了从"感知""认知"到"觉知"的过程,呈现出从"我是""我该"到"我能"的自我认知行为。在"网络媒介的使用与塔吉克自我认知"的过程中,体现出的是人与媒介互相形构的关系。本书认为,网络媒介为塔吉克人作为个体的自我认知和作为群体的文化自我认知提供了可能,塔吉克人在使用网络媒介过程中的主观能动性的发挥是使可能性成为行动实践的关键变量。

第七章
结 语

本书在"人、媒介、社会"的视野下展开，关注在网络社会兴起的时代背景下，在网络媒介与人的生活世界日益互嵌的情况下，网络媒介的使用与人的自我认知问题。本书选取的研究对象——帕米尔高原塔什库尔干县塔吉克人，属于"跨界民族"，具有以中华文化为主体的多元一体文化背景，处于以畜牧为主、农耕为副的传统社会向信息社会过渡的急剧社会变迁之中。从研究对象的特征来看，具有特殊性、典型性和重要性。本书对塔吉克人网络媒介的使用与自我认知的过程进行研究，不仅关注塔吉克人对网络媒介技术特性的使用，也关注塔吉克人对网络媒介物质形态的使用。主要从塔吉克人在日常生活中将网络媒介作为家具、礼物的使用，利用网络媒介技术特性在生活中进行的连接性、搜索性使用，以及利用网络媒介技术特性在网络空间中进行符号生产的使用三个层面对"网络媒介的使用与塔吉克人自我认知"的情况进行考察。最后从经验研究回到与"塔吉克人的网络媒介使用与自我认知"相关的理论探讨。本书尝试勾勒出网络媒介的使用与塔吉克人自我认知过程中自我身份意识发展的轨迹，考察从网络媒介的使用到自我认知过程中有哪些变量在起作用，背后的关系是什么，探讨在塔吉克人对网络媒介的使用与自我认知的过程中折射出的人、媒介及社会环境之间的关系问题。

一、研究发现

本书通过对塔吉克人网络媒介的使用与影响的过程进行研究，主要有以下几点发现：

（1）在网络媒介的使用与塔吉克人自我认知的过程中，自我意识的变化发展是关键变量。塔吉克人网络媒介的使用对自我认知的影响不是直接产生的，而是人、媒介与社会环境之间互动作用的结果。在人、媒介与社会环境的互动过程中，固有环境中的时空秩序、资本转化与获得方式、社会关系和权力关系等要素发生变化，继而对人的自我意识产生影响，促使自我认知行为的产生。这也体现了人、媒介与社会共同进化的互动共生关系。

（2）网络媒介的使用与塔吉克人自我认知的过程体现出人与媒介的同构关系，在这个过程中人的主观能动性起到关键作用。网络媒介的使用与塔吉克人的同构关系体现出的发展轨迹如下。一方面，作为物的网络媒介，出现在塔吉克人的日常生活空间中时，对固有的时空秩序产生影响，对塔吉克人的感官起到刺激作用，对塔吉克人的自我意识产生"触动"作用；具有连接性、搜索性技术特征的网络媒介在塔吉克人生活中的使用，打破了固有的时空限制，使得原有社会环境中的资本转化与获得方式、社会关系、权力关系乃至社会身份发生变化，客观上对塔吉克人的自我意识起到"唤起"作用；网络媒介为使用者提供的用户生产内容的可能，对塔吉克人的自我意识起到"唤醒"作用（这一点在塔吉克人的精英层和知识层中表现明显）。因此，网络媒介的物质形态和技术特性客观上对塔吉克人的自我意识起到"触动—唤起—唤醒"的影响。另一方面，塔吉克人结合自己生活的环境特征，对网络媒介的物质形态和技术特性进行改造、挪用以及创造性使用。在这个过程中，无论是作为个体的塔吉克人还是作为群体的塔吉克人，其自我意识都经历了一个"感知—认知—觉知"的过程。塔吉克人对网络媒介使用的积极主动性将网络媒介提供的自我认知的可能性转化为实际的自我认知行动。塔吉克人网络媒介的使用与自我认知的过程体现出人与媒介的同构关系可以用下面的图示表示。

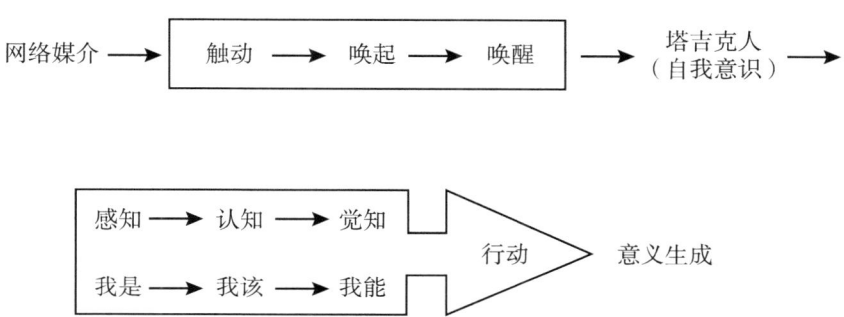

（3）塔吉克人对网络媒介进行的创造性使用对塔吉克人在网络空间中的文化自我认知起到关键作用。这些创造性的使用行为主要体现为基于网络媒介使用的族群音乐的创制与传播，群体文化图像的收集、保存、生产及传播等。

（4）在不同的空间和场景中，塔吉克人的自我认知行为有不同的表现，凸显不同的身份层次。这一点在塔吉克人的精英层和知识层中表现十分明显，在线下的生活空间中，凸显的是从传统人到现代人的身份特征，主要表现在衣食住行方面。在网络空间中表现为极力生产以族群文化特色为主的符号。在线上空间的不同场景中也突出不同的身份层次，比如在贴吧里突出的文化身份层次比较多元，但以族群文化身份为主。在微信朋友圈中族群文化身份不明显，突出对中华文化的认同。

（5）塔吉克人在网络媒介的使用与自我认知的过程中，表现出由高度的国家认同而产生中华传统文化认同的现象。除了国家的安定富足对塔吉克人的国家认同产生积极影响外，传统媒介对塔吉克人的国家认同产生了较大的影响，通过影视和新闻报道呈现的塔吉克人的爱国形象被塔吉克人

吸收内化成为族群文化中的爱国传统，在网络空间中，大量国家符号的呈现进一步表现出塔吉克人对国家的高度认同，以及由对国家的高度认同而产生的对中华传统文化的认同。

二、现实思考

（一）媒介的使用与认同的建构

中国是世界上陆地边界线最长和邻国最多的国家，有30多个民族与国外同一民族相邻而居。新疆是我国跨界民族较多的省份，至少有哈萨克族、柯尔克孜族、塔吉克族、乌孜别克族、俄罗斯族、蒙古族和塔塔尔族等7个民族。跨界民族与我国国家地缘安全、地缘经济、国际关系等密切相关。在我国"一带一路"国家长远战略和全球数字化、网络化的大背景下，跨界民族在政治、经济、文化、军事、外交等方面的作用尤为重要。在对跨界民族的研究中，学者们对跨界民族的"文化认同"给予了充分的关注，认为"文化是一种深层次的决定力量，一些表面上看来是政治上的冲突，实际上都反映了深刻的文化分歧"[1]。如何加强跨界民族对所在国的文化认同，被视为实现其国家认同、民族认同、社会认同的重要基础。

民族学家于海涛对于跨界民族的认同问题提出的观点是，"关键并不在于个体同时拥有国家认同、民族认同（甚至包括宗教认同）等不同形式的认同，而是在于在个体的认同层次结构中，把何种认同归属置于优先的级序"[2]，对于国土安全、各民族和谐发展来说，国家认同是非常重要的层次。

---

[1] 马曼丽，等.中国西北跨国民族文化变异研究［M］.北京：民族出版社，2003：209—210.

[2] 于海涛.试论跨界民族国家认同的特点［J］.兵团教育学院学报，2012（4）：7—10.

在研究中发现，作为新疆跨界民族之一的塔吉克族具有高度的国家认同。长期以来，在媒介话语中，塔吉克族被称为"中国最爱国的少数民族"，在他们的自我认知中也有强烈的国家认同意识。笔者在对网络媒介的使用与塔吉克人自我认知的研究中也发现，塔吉克人在日常生活中和网络空间中都乐于使用大量的国家符号，如国旗、国徽、天安门、国家领导人图像等。不但表现出对国家的高度认同，还表现出因为对国家具有高度的认同感而产生的对中华传统文化的认同。长期以来，塔吉克人爱国护边的媒介形象广为流传，深入人心，可以说，塔吉克人在新疆少数民族中、在我国众多的跨界民族中的爱国形象具有典范作用，可以为跨界民族的"国家认同"与"中华文化认同"的建构路径带来启示。

我们首先应该考察的是塔吉克人高度的国家认同是如何建构起来的。笔者在研究中发现，塔吉克人高度的国家认同的建构与塔吉克人媒介形象的塑造具有密切的关系。1963年，电影《冰山上的来客》中爱国护边，积极参与反特、反分裂斗争的塔吉克人形象，是塔吉克人作为一个族群形象在全国观众面前的首次亮相。影片中曲折紧张的故事情节、独特的高原风光、民族服饰和具有欧罗巴人种特征的塔吉克人形象给观众留下了深刻的印象。电影中的插曲《花儿为什么这样红》，改编自塔吉克民歌《古丽碧塔》，独特动听的曲调和简单而内涵丰富的歌词随着影片的上映在全国各地广为传唱。通过电影媒介表现出的塔吉克人勇敢朴实、爱国护边的形象不但被全国观众接受也被塔吉克人吸收内化，与流传于塔吉克人中守土护边的英雄传奇一起构成塔吉克人社会文化中的重要组成部分——守土护边的爱国传统。此后，《冰山上的来客》被不断翻拍，2015年，电视剧版《冰山上的来客》播出；2018年，电影《新冰山上的来客》到塔什库尔干县选角筹拍，这些影视作品的播出和影视筹拍活动在把塔吉克人介绍给世人的同时，进一步巩固和加强了塔吉克人的国家认同。塔吉克人因自己爱国护边的正面形象而产生自豪感，他们把这种自豪感内化为高度的国家认同感。在使用网络媒介的过程中，塔吉克人也自觉地运用网络媒介表达自

己的爱国之情，建构自己的爱国形象。在百度贴吧中就有塔吉克人创的"冰山上的来客"吧，他们在贴吧中和外群体成员互动讨论影视剧中的人物形象。在"塔吉克族吧"、塔吉克人创办的微信公众号以及笔者的塔吉克微信好友的朋友圈中都有大量的国家符号出现。尤其在国庆节期间，塔吉克人在网络空间中会呈现大量的国家符号，表达自己的爱国之情，具有相当的感染力。在塔吉克人的认知中，他们把自己的命运、族群的命运和国家的命运联系在一起，形成了"命运共同体"的观念。笔者在访谈中时常听到这样的声音："我们周边的国家天天打仗（主要指阿富汗），有的发展也不好，中国最好，我们很幸福。"除了《冰山上的来客》外，近年来，塔吉克人的影视传播逐渐丰富，《帕米尔新娘》《鹰笛与雪莲》等既反映塔吉克人的民俗文化也表现族际交往中浓厚的情感和友谊，对进一步加强塔吉克人的国家认同和中华文化认同很有帮助。

塔吉克人"国家认同""中华文化认同"的建构对跨界民族"国家认同""中华文化认同"的建构具有借鉴意义。认同的建构具有多种方式，媒介建构是最为有效的途径之一。目前，电视和网络媒介在全国各地的到达率和普及率都很高，是跨界民族乃至各少数民族建构"国家认同""中华文化认同"有效的媒介。

媒介建构的有效途径之一是挖掘好故事、拍摄制作好故事、传播好故事。以新疆为例，在新疆长期的发展历史中，在各民族的族际交往中，有很多能增进族群间感情、增强国家认同的好故事，可以由政府有关部门牵头，通过电视或网络招募等方式，招募到一些真正有能力、有兴趣、有意愿的成员，在新疆跨界民族乃至新疆各少数民族中挖掘主题故事。可以是个人与国家、民族（族群）与国家、族际交往等各种主题中有分量的故事，再将这些故事改编拍摄成影视作品或网络剧、网络短视频进行传播。这类影像的传播可以关注"质"和"量"两个方面，在"质"方面，最好能打造出像《冰山上的来客》一样的典范影视作品，这样的作品传播影响力更大；在"量"方面，根据现在网络传播的特征，可以拍摄一些短小有内涵的作品，通过网络大量传播，以此增强传播影响力。通过影视剧的传播构建各民族共有的文化记忆，从而助力国家认同的建构。

在"中华文化认同"的建构方面，同样可以利用媒介进行建构。跨界民族一般具有多元一体的文化背景，跨界民族的族群文化是中华文化中不可或缺的一部分。建立在多元一体文化基础上的现代文化成为连接各民族文化的主要纽带。具体地说就是可以将中华传统文化的元素和跨界民族的的歌舞文化相融合，互相借鉴，形成新的歌舞形式。比如，前文谈到的歌曲《花儿为什么这样红》就吸收借鉴了塔吉克民歌的曲调，这一点在塔吉克人的现代音乐中表现得很突出。本书在第四章谈到塔吉克人在网络空间中的原创音乐情况，塔吉克人的现代原创音乐中融合了多元文化的特征，另外，塔吉克人通过创办微信音乐平台进行广泛传播的方式也值得借鉴。这条路径和少数民族传统歌舞文化的保护并不冲突，应当说是传统在网络空间中的另一种复活。

跨界民族的"文化认同"和"国家认同"建构关系到国土安全、国际关系、边疆发展等诸多方面，需要智慧、想象力和创造力，需要各少数民族的参与性建构，在形成"命运共同体"的同时，呈现美美与共、和而不同的生态世界。

（二）网络媒介的使用与塔吉克人的协同发展

纳日碧力戈教授在其著作《现代背景下的族群建构》中提出，在社会的现代进程中，族群的"物质边界"容易发生变化，而"思想边界"具有较强的稳定性。[①] 笔者在田野调查中发现的一个普遍现象是，不少塔吉克人，尤其是族群精英层，在访谈中表示希望保留传统的生活方式，包括衣食住行的传统习俗，但他们在日常生活中也更乐于用一种更加现代的方式生活。这种现象在当下处于社会转型的族群中十分普遍。由此产生的一个

---

① 纳日碧力戈.现代背景下的族群建构［M］.昆明：云南教育出版社，2000：194.

 网络媒介用户群使用研究

问题是，传统由谁来传承，如何传承？这看似是一种矛盾，实则是处于从传统到现代过渡阶段的族群在社会发展中必然要面对的问题。我们不得不承认，在社会发展的进程中，一些发展中的族群的物质边界必然发生变化，最终可能只能以一种展演的方式保存。因此，对于族群文化的传承更多的是一种对于"文化记忆"的保护和传承，只要族群"文化记忆"存在，就不会产生由于无法追寻"我是谁"而带来的本体安全感、归宿感的丧失。本书认为，对于族群文化的传承更应该关注的是对族群文化记忆的保护与传承。

如何保护与传承塔吉克人的族群文化记忆，本书从塔吉克人对网络媒介创造性的使用中得到启发，认为可以充分利用网络媒介的技术功能来保护塔吉克人的族群文化记忆。一般谈到保护和发展，我们都会想到官方保护路径，不应该忽视的是，文化的生命力主要在民间，在文化存在、传承和发展的具体环境之中。就像族群语言文字、民族音乐的传承与发展一样，离开具体的人和环境，保护和传承几乎无从谈起。对于文化的保护与传承，当然需要官方的支持，需要有组织者，但针对文化的生命特性和网络媒介的技术特性，在这个过程中，组织者需要具有"参与式发展"的思想理念。参与式发展的核心理念是"赋权"与"多样性"，旨在使自上而下的传播扩散模型转化为"赋权参与"模式或多元化政策范式。

在"参与式发展"的理念下，首先需要了解塔吉克人的需求，动员塔吉克人的创造潜能。在了解塔吉克人的需求阶段也可以利用网络媒介，比如在塔吉克人创办的微信公众号、微信群、QQ群等地发起民意调查，了解塔吉克人对族群文化的态度，对族群文化记忆的认知，对族群文化记忆保护与传承的想法，以及他们对族群文化记忆与族群发展关系的认识，对族群未来发展的期待，等等。在做好了解工作的基础上，激发塔吉克人的创造潜能，对现在已有的利用网络媒介来保存、传承与塔吉克人文化记忆相关的创造性行为予以支持、鼓励。为塔吉克人中正

在自发做着文化保护与传承工作或有族群文化保护与传承愿望的人提供文创空间和平台，注重利用网络媒介新技术和影像技术对族群文化的数字化保护与传承。另外，还可以把与塔吉克人文化记忆相关的文化资源（如民族歌舞、刺绣等）和族群经济发展联系起来，将族群文化元素转化为信息和商品的形式，借助网络媒介进行流通，可以打造以网络技术为基础的商业平台。目前塔什库尔干县虽然也有网络电商平台，但主要是对特色农产品的销售，没有涉及文化内容，参与的塔吉克人极少。应当注意的是，文化记忆在传承的过程中，受社会环境变迁的影响，本身也是处于不断的发展变化之中的，我们今天看到所谓的原汁原味的文化，实际上也是随着社会环境变迁而发生变化之后的形态。塔吉克人族群文化的传承与族群发展是具有相关性的问题，对于生活在帕米尔高原特殊环境中的塔吉克人来说，独具特色的群体性文化是他们走向世界的名片和族群发展的内在驱动力。

三、研究局限与研究展望

笔者在研究的过程中留下许多遗憾，在田野调查的过程中，由于经验欠缺，对一些附加图片呈现效果可能更好的内容没有有意识地做好影像记录。由于语言和时间的原因，对论文中涉及的某些方面的了解和论述还不够深入，比如对于塔吉克人原创音乐的类型和歌词内涵，虽然做了一些调查，请人翻译了一些歌词大意，但还不够全面，导致论述深度不够。另外，本研究的"网络媒介使用与塔吉克人自我认知"的问题，虽然围绕"媒介与自我认知"的中心问题展开，但研究的问题涉及民族学、心理学、社会学、传播学、哲学等诸多学科领域，由于笔者学养有限，尽管尽力而为，但仍有诸多疏漏之处。本书的研究仅仅是一个开端，在将来的研究中，将加强相关学科理论知识的积累，对此次在田野调查中捕捉到的一些有价值

的现象（如网络媒介的使用对塔吉克人道德风尚的影响、网络媒介的使用对塔吉克人经济生活的影响等），进行深入的调查和研究。另外还可以将研究视野拓宽，比如将研究视野拓展到新疆、西藏、内蒙古一线的边境地区。未来的研究令人期待。

参考文献

一、中文文献

（一）专著

1 阿尔弗雷德·格罗塞.身份认同的困境[M].王鲲,译.北京:社会科学文献出版社,2010.

2 阿尔文·托夫勒.第三次浪潮[M].朱志焱,等译.北京:新华出版社,1996.

3 阿莱达·阿斯曼.回忆空间:文化记忆的形式和变迁[M].潘璐,译.北京:北京大学出版社,2016.

4 阿列克斯·英克尔斯,戴维·H.史密斯.从传统人到现代人——六个发展中国家中的个人变化[M].顾昕,译.北京:中国人民大学出版社,1992.

5 阿瑟·伯格.媒介分析技巧[M].李德刚,何玉,董洁,等译.北京:清华大学出版社,2011.

6 埃里克·麦克卢汉,弗兰克·秦格龙.麦克卢汉精粹[M].何道宽,译.南京:南京大学出版社,2000.

7 艾尔·巴比.社会研究方法[M].邱泽奇,译.北京:华夏出版社,2009.

8 爱德华·霍尔.超越文化[M].何道宽,译.北京:北京大学出版社,

2010.

9 爱弥尔·涂尔干.宗教生活的基本形式[M].渠东,汲喆,译.上海:上海人民出版社,2006.

10 安东尼·吉登斯.现代性的后果[M].田禾,译.南京:译林出版社,2000.

11 安东尼·吉登斯.现代性与自我认同:现代晚期的自我与社会[M].赵旭东,方文,王铭铭,译.北京:生活·读书·新知三联书店,1998.

12 保罗·莱文森.莱文森精粹[M].何道宽,译.北京:中国人民大学出版社,2007.

13 保罗·莱文森.数字麦克卢汉:信息化新纪元指南[M].何道宽,译.北京:社会科学文献出版社,2001.

14 本尼迪克特·安德森.想象的共同体:民族主义的起源与散布:增订版[M].吴叡人,译.上海:上海世纪出版集团·上海人民出版社,2011.

15 彼得·毕尔格.主体的退隐:从蒙田到巴特间的主体性历史[M].陈良梅,夏清,译.南京:南京大学出版社,2004.

16 勃洛尼斯拉夫·马林诺夫斯基.两性社会学:母系社会与父系社会之比较[M].李安宅,译.上海:上海人民出版社,2003.

17 布尔迪厄.关于电视[M].许钧,译.辽宁:辽宁教育出版社,2000.

18 C.A.格雷戈里.礼物与商品[M].杜彬彬,姚继德,郭锐,译.北京:生活·读书·新知三联书店,2009.

19 C.G.荣格.自我与自性[M].赵翔,译.北京:世界图书出版公司,2014.

20 查尔斯·霍顿·库利.人类本性与社会秩序[M].包凡一,等译.北京:华夏出版社,1989.

21 查正权.何以成人——马克思关于人的范畴研究[M].南京:南京大学出版社,2015.

22 陈纪滢.新疆鸟瞰[M].南京:建中出版社,1943.

23 陈默.媒介文化传播［M］.北京：中国传媒大学出版社，2016.

24 道格拉斯·凯纳尔.媒体文化：介于现代与后现代之间的文化研究、认同性与政治［M］.丁宁，译.北京：商务印书馆，2004.

25 杜赞奇.从民族国家拯救历史：民族主义话语与中国现代史研究［M］.王宪明，高继美，李海燕，等译.南京：凤凰出版传媒集团·江苏人民出版社，2010.

26 厄内斯特·盖尔纳.民族与民族主义［M］.韩红，译.北京：中央编译出版社，2001.

27 恩斯特·卡西尔.人论［M］.甘阳，译.上海：上海译文出版社，2013.

28 恩斯特·卡西尔.人文科学的逻辑［M］.关子尹，译.上海：上海译文出版社，2004.

29 斐迪南·滕尼斯.共同体与社会［M］.张巍卓，译.北京：商务印书馆，1999.

30 费孝通.乡土中国：生育制度［M］.北京：北京大学出版社，1998.

31 费孝通.中华民族多元一体格局［M］.北京：中央民族大学出版社，1999.

32 冯客.近代中国之种族观念［M］.杨立华，译.南京：江苏人民出版社，1999.

33 弗里德曼.文化认同与全球性过程［M］.郭健如，译.北京：商务印书馆，2004.

34 高焕静.差异的表征：少数民族媒介形象的符号学解读［M］//中国传媒大学第六届全国新闻学与传播学博士生学术研讨会论文集.北京：中国传媒大学国际传播研究中心，2012.

35 宫承波，管璘.传播学史［M］.北京：中国广播影视出版社，2015.

36 关丙胜.族群的演进博弈——中国图瓦人研究［M］.北京：社会科学文献出版社，2011.

37 郭忠华.变动社会中的公民身份——与吉登斯、基恩等人的对话［M］.广州：广东人民出版社，2011.

38 哈贝马斯.现代性的地平线——哈贝马斯访谈录［M］.李安东，段怀清，译.上海：上海人民出版社，1997.

39 哈罗德·A.伊尼斯.传播的偏向［M］.何道宽，译.北京：中国人民大学出版社，2003.

40 哈罗德·伊罗生.群氓之族：群体认同与政治变迁［M］.桂林：广西师范大学出版社，2008.

41 汉娜·阿伦特.人的条件［M］.竺乾威，等，译.上海：上海人民出版社，1999.

42 黑格尔.精神现象学：上册［M］.贺麟，王玖兴，译.北京：商务印书馆，1987.

43 胡易容.传媒符号学——后麦克卢汉的理论转向［M］.苏州：苏州大学出版社，2012.

44 J.G.赫尔德.论语言的起源［M］.姚小平，译.北京：商务印书馆，1998.

45 J.赦伯特·阿特休尔.权力的媒介［M］.黄煜，裘志康，译.北京：华夏出版社，1989.

46 吉登斯.社会的构成：结构化理论纲要［M］.李康，李猛，译.北京：生活·读书·新知三联书店，1998.

47 季羡林等校注.大唐西域记校注［M］.北京：中华书局，1995.

48 加富罗夫.中亚塔吉克史：上古——十九世纪上半叶［M］.北京：中国社会科学出版社，1985.

49 菅志翔.族群归属的自我认同与社会定义：关于保安族的一项专题研究［M］.北京：民族出版社，2006.

50 简·梵·迪克.网络社会——新媒体的社会层面［M］.蔡静，译.北京：

清华大学出版社，2014.

51　蒋欣欣.身份/认同［M］//文化批评关键词研究.王晓路.北京：北京大学出版社，2007.

52　金炳镐.跨界民族与民族问题［M］.北京：中央民族大学出版社，2010.

53　金春子，王建民.中国的跨界民族［M］.北京：民族出版社，1994.

54　柯克·约翰逊.电视与乡村社会变迁：对印度两村庄的民族志调查［M］.展明辉，张金玺，译.北京：人民大学出版社，2005.

55　克利福德·格尔茨.文化的解释［M］.韩莉，译.南京：译林出版社，1999.

56　肯尼恩·格根.社会建构的邀请［M］.许婧，译.北京：北京大学出版社，2011.

57　拉普.技术哲学导论［M］.刘武，译.沈阳：辽宁科学技术出版社，1986.

58　莱文森.软利器：信息革命的自然历史与未来［M］.何道宽，译.上海：复旦大学出版社，2011.

59　李嘉谷编.中苏国家关系史资料汇编（1933—1945）［M］.北京：社会科学文献出版社，1997.

60　李岚，罗艳，莫桦.电视评估全攻略——理论、模型与实证［M］.北京：中国广播电视出版社，2015.

61　李友梅，肖瑛，黄晓春.社会认同：一种结构视野的分析［M］.上海：上海人民出版社、格致出版社，2007.

62　李幼蒸.理论符号学导论［M］.北京：社会科学文献出版社，1999.

63　林文刚.媒介环境学：思想沿革与多维视野［M］.何道宽，译.北京：北京大学出版社，2007.

64　刘明.迁徙与适应：帕米尔高原塔吉克族民族志［M］.北京：社会科学文献出版社，2014.

65 刘易斯·芒福德.刘易斯·芒福德著作精粹[M].朱俊岭,宋一然,译.北京:中国建筑工业出版社,2010.

66 罗钢,刘象愚,主编.文化研究读本[M].北京:中国社会科学出版社,2000.

67 罗杰·西尔弗斯通.电视与日常生活[M].陶庆梅,译.南京:江苏人民出版社,2004.

68 罗兰·巴特.符号学原理[M].李幼蒸,译.北京:生活·读书·新知三联书店,1988.

69 洛维特.从黑格尔到尼采:19世纪思维中的革命性决裂[M].李秋零,译.北京:读书·生活·新知三联书店,2006.

70 马丁·海德格尔.演讲与论文集[M].孙周兴,译.北京:生活·读书·新知三联书店,2011.

71 马克·格兰诺维特,理查德·斯威德伯格.经济生活中的社会学[M].瞿铁鹏,姜志辉,译.上海:上海人民出版社,2014.

72 马克斯·韦伯.学术与政治[M].冯克利,译.北京:生活·读书·新知三联书店,1998.

73 马凌诺斯基.文化论[M].费孝通,译.北京:华夏出版社,2002.

74 马曼丽,等.中国西北跨国民族文化变异研究[M].北京:民族出版社,2003.

75 马曼丽,张树青.跨国民族理论问题综述[M].北京:民族出版社,2006.

76 马戎.西方民族社会学经典读本——种族与族群关系研究[M].北京:北京大学出版社,2010.

77 马戎.中国民族关系现状与前景[M].北京:社会科学文献出版社,2014.

78 马歇尔·麦克卢汉.理解媒介:论人的延伸[M].何道宽,译.北京:

商务印书馆，2003.

79 玛丽·威庞德.传媒的历史与分析——大众媒介在加拿大[M].郭镇之，译.北京：北京广播学院出版社，2003.

80 曼纽尔·卡斯特.认同的力量[M].曹荣湘，译.北京：社会科学文献出版社，2006.

81 曼纽尔·卡斯特.网络社会的崛起[M].夏铸九，王志弘，等，译.北京：社会科学文献出版社，2001.

82 米歇尔·福柯.权力的眼睛——福柯访谈录[M].严锋，译.上海：上海人民出版社，1997.

83 米歇尔·福柯.自我技术福柯文选Ⅲ[M].汪民安，编.北京：北京大学出版社，2015.

84 莫斯.礼物——古式社会中交换的形式与理由[M].汲喆，译.上海：上海人民出版社，2002.

85 纳日碧力戈.现代背景下的族群建构[M].昆明：云南教育出版社，2000.

86 尼采.权力意志：1985——1889年遗稿[M].孙周兴，译.上海：上海人民出版社，2016.

87 尼克·库尔德利.媒介、社会与世界：社会理论与数字媒介实践[M].何道宽，译.上海：复旦大学出版社，2015.

88 尼克·史蒂文森.认识媒介文化——社会理论与大众传播[M].王文斌，译.北京：商务印书馆，2001.

89 欧文·戈夫曼.日常生活中的自我呈现[M].黄爱华，冯钢，译.杭州：浙江人民出版社，1989.

90 欧文·拉铁摩尔.中国的亚洲内陆边疆[M].唐晓峰，译.南京：江苏人民出版社，2011.

91 彭克宏，马国泉，陈有进，等编.社会科学大词典[M].北京：中国国际广播出版社，1989.

92 皮埃尔·布迪厄,华康德.实践与反思——反思社会学导引[M].李猛,李康,译.北京：中央编译出版社,1998.

93 祁进玉.群体身份与多元认同：基于三个土族社区的人类学对比研究[M].北京：社会科学文献出版社,2008.

94 乔健.文化、族群与社会的反思[M].北京：北京大学出版社,2006.

95 乔治·H.米德.心灵、自我与社会[M].赵月瑟,译.上海：上海译文出版,1992.

96 乔治·拉雷恩.意识形态与文化身份：现代性和第三世界的在场[M].戴从容,译.上海：上海教育出版社,2005.

97 让·保罗·萨特.存在与虚无[M].陈宣良,等,译.北京：生活·读书·新知三联书店,1997.

98 萨义德.知识分子论[M].单德兴,译.北京：生活·读书·新知三联书店,2002.

99 塞缪尔·亨廷顿.文明冲突与世界秩序的重建[M].周琪,等译.北京：新华出版社,2002.

100 师曾志,胡泳.新媒介赋权及意义互联网的兴起[M].北京：社会科学文献出版社,2014.

101 师曾志,金锦萍.新媒介赋权：国家与社会的协同演进[M].北京：社会科学文献出版社,2013.

102 斯蒂芬·A.米切尔,玛格丽特·J.布莱克.弗洛伊德及其后继者——现代精神分析思想史[M].陈祉妍,黄峥,沈东郁,译.北京：商务印书馆,2007.

103 斯拉沃热·齐泽克.自由的深渊[M].王俊,译.上海：上海译文出版社,2013.

104 斯坦因.沙埋和阗废墟记[M].殷晴,等,译.乌鲁木齐：新疆美术摄影出版社，1994.

105 斯图亚特·霍尔，保罗·杜盖伊.文化身份问题研究［M］.庞璃，译.开封：河南大学出版社，2010.

106 苏珊·朗格.情感与形式［M］.刘大基，傅志强，译.北京：中国社会科学出版社，1986.

107 索绪尔.普通语言学教程［M］.高名凯，译.北京：商务印书馆，1985.

108 塔什库尔干县地方志编纂委员会.塔什库尔干塔吉克自治县志［M］.乌鲁木齐：新疆人民出版社，2009.

109 陶东风，金元浦，高丙中.文化研究（第一辑）［M］.天津：天津社会科学院出版社，2000.

110 汪民安，陈永国.后身体：文化、权力和生命政治学［M］.长春：吉林人民出版社，2003.

111 王沪宁.当代中国村落家族文化——对中国社会现代化的一项探索［M］.上海人民出版社，1991.

112 王珂.民族与国家：中国多民族统一国家思想的系谱［M］.冯谊光，译.北京：中国社会科学出版社，2001.

113 王明珂.华夏边缘：历史记忆与族群认同［M］.北京：社会科学文献出版社，2006.

114 王明珂.羌在汉藏之间：川西羌族的历史人类学研究［M］.北京：中华书局，2008.

115 文森特·莫斯可.数字化崇拜：迷思、权利与赛博空间［M］.黄典林，译.北京：北京大学出版社，2010.

116 吴文藻.人类社会学研究文集［M］.北京：民族出版社，1990.

117 西仁·库尔班，马达力汗·包伦，等.中国塔吉克史料汇编［M］.乌鲁木齐：新疆大学出版社，2003.

118 西仁·库尔班，马达力汗·包伦，段石羽.中国塔吉克［M］.乌鲁木齐：

新疆大学出版社，2012.

119 西仁·库尔班，伊明江·木拉提.塔吉克族民俗文化［M］.乌鲁木齐：新疆大学出版社，2001.

120 谢林.世界时代［M］//斯拉沃热·齐泽克.自由的深渊.王俊，译.上海：上海译文出版社，2013.

121 新疆社会科学院历史研究所.新疆历史与文化（2005—2007）［M］.乌鲁木齐：新疆人民出版社，2010.

122 新疆维吾尔自治区民族语言文字工作委员会.新疆民族语言分布状况与发展趋势［M］.北京：北京语言大学出版社，2002.

123 休·希顿·沃森.民族与国家：对民族起源与民族主义政治的探讨［M］.吴洪英，黄群，译.北京：中央民族大学出版社，2009.

124 许景澄.帕米尔图说·帕米尔图叙例［M］//中国塔吉克史料汇编，乌鲁木齐：新疆大学出版社，2003.

125 许勤华，主编.当代中亚概况——民族、宗教、能源［M］.北京：世界知识出版社，2007.

126 玄奘.大唐西域记：卷第十二［M］.桂林：广西师范大学出版社，2007.

127 杨妍.地域主义与国家认同：民国初期省籍意识的政治文化分析［M］.天津：天津人民出版社，2007.

128 袁靖华.边缘身份融入：符号与传播——基于新生代农民工的社会调查［M］.杭州：浙江大学出版社，2015.

129 约书亚·梅罗维茨.消失的地域：电子媒介对社会行为的影响［M］.肖亚军，译.北京：清华大学出版社，2002.

130 约斯·德·穆尔.赛博空间的奥德赛——走向虚拟本体论与人类学［M］.麦永雄，译.桂林：广西师范大学出版社，2007.

131 再白滨，史金波，等.中国民族史研究（二）［C］.北京：中央民族大学出版社，1989.

132 张宝成. 民族认同与国家认同：跨国民族视阈下的巴尔虎蒙古人身份选择［M］. 北京：人民出版社，2012.

133 张冠文. 人与互联网的同构——媒介环境学视阈下互联网文化形态的演化［M］. 北京：中国广播影视出版社，2015.

134 张静. 身份认同研究：观念·态度·理据［M］. 上海：上海人民出版社，2006.

135 赵静蓉. 文化记忆与身份认同［M］. 北京：生活·读书·新知三联书店，2015.

136 赵毅衡. 符号学：原理与推演［M］. 南京：南京大学出版社，2011.

137 赵泳. 社会自我意识研究［M］. 西安：陕西人民出版社，1998.

138 中共中央马克思恩格斯列宁斯大林著作编译局. 关于费尔巴哈的提纲［A］// 马克思恩格斯选集. 北京：人民出版社，1995.

139 中共中央马克思恩格斯列宁斯大林著作编译局. 斯大林全集：第二卷［M］. 北京：人民出版社，1953.

140 中国人民政治协商会议新疆维吾尔自治区委员会文史资料研究委员会. 新疆文史资料选辑：1—7辑［M］. 乌鲁木齐：新疆人民出版社，1981.

141 中国社会科学院语言研究所词典编辑室. 现代汉语词典［M］. 修订第7版. 北京：商务印书馆，2016.

（二）期刊论文

1 巴胜超. 网络日志：一种"自我反射式"民族志文本的可能［J］. 广西民族研究，2009（1）.

2 巴吐尔·巴拉提，戴虎. 帕米尔高原的生命智慧——塔吉克鹰舞文化阐释［J］. 民族艺术研究，2014（3）.

3 卜玉梅. 虚拟民族志：田野、方法与伦理［J］. 社会学研究，2012（6）.

4 查尔斯·泰勒.现代认同：在自我中找寻人的本性［J］.陶庆，译.求是学刊，2005（5）.

5 车文博.试评弗洛伊德主义［J］.外国心理学，1982（3）.

6 陈连开.关于中华民族的含义和起源的初步探讨［J］.民族论坛，1987（3）.

7 次仁群宗.新媒介环境下的民族认同及其群体传播研究——以玉树地震后的南京大学藏族学生为例［J］.青年研究，2010（6）.

8 单晓红.报纸传播中的云南少数民族形象［J］.大理学院学报（社会科学），2006（1）.

9 段石羽.塔吉克族文化特征及其传统风俗［J］.新疆大学学报（哲学社会科学版），1994（3）.

10 费孝通.简述我的民族研究经历与思考［J］.中央民族大学学报，2000（1）.

11 费孝通.中华民族的多元一体格局［J］.北京大学学报（哲学社会科学版），1989（4）.

12 关凯.国家视野下的中国民族问题［J］.文化纵横，2013（3）.

13 韩震.论国家认同、民族认同及文化认同——一种基于历史哲学的分析与思考［J］.北京师范大学学报（社会科学版），2010（1）.

14 胡起望.跨境民族探讨［J］.中南民族学院学报（哲学社会科学版），1994（4）.

15 黄剑.身体维度下的自我认同［J］.青海民族研究，2012（1）.

16 金炳镐，房若愚.塔吉克族意识结构及其决定因素分析［J］.西北民族研究，2006（4）.

17 景晓强，景晓娟.身份建构过程中行为体的施动性——基于社会化理论与社会身份理论的比较研究［J］.外交评论（外交学院学报），2010（1）.

18 李鸿，李金翔.对第四媒介说的质疑［J］.新闻传播，2002（12）.

19 刘华芹.网络人类学：网络空间与人类学的互动［J］.广西民族学院学报（哲学社会科学版），2004（2）．

20 刘明，米扬.帕米尔高原塔吉克民歌传承与保护研究［J］.甘肃社会科学，2012（3）．

21 刘永刚.跨界民族成员的身份认同与公民自我认知［J］.西北民族大学学报（哲学社会科学版），2014（5）．

22 刘玉屏.塔什库尔干塔吉克族语言使用与语言态度调查［J］.西北民族研究，2010（1）．

23 陆扬.析索亚"第三空间"理论［J］.天津社会科学，2005（2）．

24 陆晔.媒介使用、社会凝聚力和国家认同——理论关系的经验检视［J］.新闻大学，2010（2）．

25 纳日碧力戈.语言人类学阐释［J］.中央民族大学学报，2003（4）．

26 潘忠党.互联网使用和公民参与：地域和群体之间的差异以及其中的普遍性［J］.新闻大学，2012（6）．

27 邵培仁，邱弋.论媒介身份研究的可能性与科学性［J］.现代传播（中国传媒大学学报），2006（3）．

28 邵培仁，展宁.探索文明的进路——西方媒介社会学的历史、现状与趋势［J］.广州大学学报（社会科学版），2013（5）．

29 谭勇，苟永森，胥必海.塔吉克音乐与东西方的融合——以二胡曲《阳光照耀着塔什库尔干》为例［J］.音乐探索，2010（1）．

30 田振江，郭海燕.新疆塔吉克族非物质文化遗产保护研究［J］.兵团教育学院学报，2011（6）．

31 王明珂.建"民族"易，造"国民"难——如何观看与了解边疆［J］.文化纵横，2014（3）．

32 王琪瑛.西方族群认同理论及其经验研究［J］.新疆社会科学，2014（1）．

33 王莹.身份认同与自我认知研究评析［J］.河南师范大学学报（哲学社会科学版），2008（1）.

34 吴小勇，黄希庭，毕重增，苟娜.身份及其相关研究进展［J］.西南大学学报（社会科学版），2008（8）.

35 吴致远.经典技术哲学阶段性特征探析［J］.自然辩证法研究，2007（11）.

36 西仁·库尔班，试论塔吉克文化中的四大象征［J］.新疆大学学报（哲社版），2005（5）.

37 徐玉.20世纪30年代共产国际、苏联在新疆的活动［J］.西域研究，1996（1）.

38 杨亦凡，钱伟量，阿不都热合曼·吐尔逊，等.基于"一带一路"战略视角的中国塔吉克语言文字保护与传承问题分析［J］.佳木斯职业学院学报，2017（4）.

39 杨银波.当代器乐作品中的塔吉克风格［J］.新疆艺术学院学报，2016（3）.

40 姚新勇.身份认同与汉藏冲突［J］.二十一世纪（香港），2009（2）.

41 叶浩生."具身"涵义的理论辨析［J］.心理学报，2014（7）.

42 于海涛.试论跨界民族国家认同的特点［J］.兵团教育学院学报，2012（4）.

43 张芳山，涂宪华."国家"概念的历史演绎——兼论昆廷·斯金纳的国家理论［J］.理论月刊，2011（8）.

44 张劲松.文化身份的内涵与要素［J］.天津社会科学，2015（5）.

45 赵静蓉.含混暧昧的他者［J］.东岳论丛，2015（1）.

46 赵晔琴.融入与区隔：东北新移民的身份建构逻辑与群体性差异的表征——基于巴黎东北新移民的实证调查［J］.社会学研究，2013（6）.

47 赵芸.论塔吉克族传统服饰装饰纹样的民族 文化心理［J］.美术大观，

2011（2）.

48　周葆华.新媒体使用与主观阶层认同：理论阐释与实证检验［J］.新闻大学，2010（2）.

49　周菁葆.塔吉克族音乐舞蹈［J］.新疆师范大学学报（哲学社会科学版），2007（2）.

50　朱洁.网络人类学中的田野考察［J］.思想战线，2008（2）.

51　庄晓东，陈静静.文化认同与少数民族电子网络媒介［J］.中国人民大学学报，2009（2）.

52　邹威华.族裔散居语境中的"文化身份与文化认同"——以斯图亚特·霍尔为研究对象［J］.南京社会科学，2007（2）.

（三）学位论文

1　邓惟佳.能动的"迷"：媒介使用中的身份认同建构［D］.上海：复旦大学，2009.

2　李玲.情感、身份确认与社会身份的再生产——兼论"东亚共同体"符号的兴起与消退［D］.北京：外交学院，2011.

3　金玉萍.日常生活实践中的电视使用——托台村维吾尔族受众研究［D］.上海：复旦大学，2010.

4　李伯玲.群体身份与个体认同［D］.长春：东北师范大学，2013.

5　刘燕.后现代语境下的认同建构［D］.杭州：浙江大学，2007.

6　肖蓉.虚拟的空间和想象的共同体——互联网中的民族认同与族际互动［D］，北京：中央民族大学，2007.

7　张祺.草根媒介：社会转型中的抗拒性身份建构——对贵州西部方言苗语影像的案例研究［D］.北京：中国社会科学院，2012.

8　张媛.媒介、地理与认同：中国西南地区少数民族国家认同的形成与变迁［D］，杭州：浙江大学，2014.

二、外文文献

(一) 外文专著

1. Ajne, Swedish Mountain and Suami Museum. The Saumi, People of the Sun and Wind [M]. Jokknokk. Swedden, 1993.

2. Barthes, R. Writing Degree Zero and Elements of Semiology [M]. Trans. Annette Lavers and Colin Smith. Boston: Beacon Press, 1970.

3. Barth. Fredrik. Ethnic Groups and Boundaries: The Social Organization Culture Difference [M]. Boston: Little, Brownand Company, 1969.

4. Bronfenbrenner. The Ecology of Human Development, MA [M]. Boston: Harvard University Press, 1979.

5. Bourdieu, P. The State Nobility: Elite Schools in the Field of Power [M]. Translated by Lauretta C. Clough. Cambridge: Polity Press, 1998.

6. Czikszentmihalyi, Mihaly and Rochberg-Halton. Eugene the Meaning of Things [A]. Domestic Symbols and the Self. Cambridge: Cambridge University Press, 1981.

7. Cobley, P. The Routledge Companion to Semiotics and Linguistics [M]. London: Routledge, 2001.

8. Foucault. Michel. Space, Knowledge, and Power [A] // The Foucault Reader. Paul Rabinow (ed.). New York: Pantheon, 1984.

9. George Herbert Mead. "The Self", Identities: Race, Class, Gender, and Nationality [M]. Malden: Blackwell Publishing, 2003.

10. Gershuny and Miles. The New Service Economy: the Transformation of

Employment in Industrial Societies [M]. London: Pinter, 1983.

11　Kantor., David and lehr. William. inside the family [M]. San Francisco: Jossey-bass, 1975.

12　Marvin. Carolyn. When Old Technologies Were New: Thinking about Communication in the Late Nineteenth Century [M]. New York: Oxford University Press, 1988.

13　Meyrowitz.J. No Sense of Place the Impact of Electronic Media on Social Behavior [M]. New York: Oxford University Press, 1985.

14　Relph, Edward. Place and Placelessness [M]. London: Pion, 1976.

15　Reiss, David. The Family's Construction of Reality [M]. Boston: Harvard University Press, 1981.

16　Rogers. Diffusion of Innovations [M]. 3 ed. New York: Free Pres, 1983.

17　Tajfel, H. Experiments in a vacuum [A] //The Context of Social Psychology: A critical assessment. J. Israel, & H. London: Academic Press, 1972.

18　Tutner, J. C. Towards a Cognitive Redefinition of the Social Group [A] // Social Identity and in-lergorup Relations. Tajfel (ed.).Cambridge : Cambridge University Press, 1982.

19　Wetherill, Margret. The SAGE Handbook of Identity [M]. SAGE Publications Ltd, 2010.

（二）外文期刊

1. David Parker, Song Miri. New Ethnicities Online: Reflexive Racialisation and the Internet [J]. Sociological Review.Aug2006, Vol. 54 Issue 3.

2. David Parker, Song Miri.Inclusion, Participation and the Emergence of British Chinese Websites.Journal of Ethnic [J].Migration Studies Oct2007, Vol.33 Issue 7.

3. Juliano Linzi, Srinivasan Ramesh, Tagging it: Considering how ontologies limit the reading of identity [J]. International Journal of Cultural Studies. Dec2012, Vol. 15 Issue 6,

4. Kanat Kilic Bugra. Ethnic Media and Politics: The Case of the Use of the Internet by Uyghur diaspora [J]. First Monday.Jul 2005.

5. Onorato, R.S., Tnrner, J. C.. Fluidity in the Self-Concept: the Shift from Personal to Social Identity [J]. European Journal of Social Psychology, 2004, Issue 34.

6. Ramesh Srinivasan. Indigenous, Ethnic and Cultural Articulations of New Media [J]. International Journal of Cultural Studies, Dec2006, Vol. 9 Issue 48.

7. Ranganathan Maya. Potential of the Net to Construct and Convey Ethnic and National Identities: Comparison of the Use in the Sri Lankan Tamil and Kashmir Situations [J]. Asian Ethnicity.Jun2003, Vol. 4 Issue 2.

8. Stets, J. E., Burke, P. J. Identity Theory and Social Identity Theory [J]. Social Psychology Quarterly, 2000, Vol .63.

9. Sheyholislami Jaffer, Identity, Language, and New Media: The Kurdish Case [J], Language Policy. Nov 2010, Vol.9 Issue 4.

10. Wilson, Patricia and Pahl, Ray. The Changing Sociological Construct of Family [J]. The Sociological Review, 1988, Vol. 36 Issue2.

附 录

附录一 网络媒介在新疆塔吉克族中的使用现状调查问卷

导语：

您好！感谢您抽出时间回答我们的问题，此次调查的目的主要是了解新疆塔吉克族人民对于网络媒介的使用情况及影响。问卷采取匿名填写的方式，仅用于学术研究，请放心填写，感谢您的配合！

一、这一部分主要是关于您个人的一些基本情况，请您在选择的编号上划"√"。

1. 您的性别：（1）男　　　　　（2）女
2. 您的年龄：_____ 岁
3. 您目前的婚姻状况：（1）未婚无男女朋友
　　　　　　　　　　（2）未婚有男女朋友　　（3）已婚
　　　　　　　　　　（4）离异　　　　　　　（5）丧偶
4. 您的出生地：　　（1）城镇　　　　　　　（2）乡村
5. 您父亲的出生地：（1）城镇　　　　　　　（2）乡村
6. 您现在生活的地区：（1）城镇　　　　　　（2）乡村

7. 你家里有几口人一起住？

（1）2人　　　　　　（2）3人　　　　　　（3）4人

（4）5人　　　　　　（5）6人及以上

8. 您的文化程度：

（1）没上过学　　　　（2）小学　　　　　　（3）初中

（4）高中（包括中专、技校）　　　　　　（5）大专

（6）大学本科　　　　（7）研究生及以上

9. 您目前从事的职业：

（1）学生　　　　　　（2）工人　　　　　　（3）农牧民

（4）经商　　　　　　（5）教师　　　　　　（6）军人

（7）公务员　　　　　（8）打工者　　　　　（9）自主创业者

（10）无固定职业（包括家庭主妇、自由职业者）

（11）其他职业

10. 目前您一年能收入多少钱？

（1）无固定收入　　　（2）1万元以下　　　（3）1万到3万元

（4）3万到5万元　　　（5）5万元以上

二、请您在选择项的编号上划"√"，问题后注明"（多选）"的请选择一个以上的选项，注明"（不定项选）"的请选择一个或一个以上选项，没有注明的均为单选。

1. 您是否上过网？（选择"否"的只需要做下面的第2题）

（1）是　　　　　　　（2）否

2. 您认为使用互联网有哪些困难？（不定项选）

（1）不懂电脑技术　　　　　　（2）不会打字

（3）当地没有互联网接入　　　（4）没钱买电脑等上网设备

（5）上网费用太高　　　　　　（6）其他

3. 在过去的一个月里，您通常多长时间上一次网？

（1）每天　　　　　　（2）三天左右　　　　（3）一个星期

（4）半个月　　　　　（5）一个月

4. 一般情况下，您每次上网的时间大概是：

（1）1小时以下　　　　（2）1—2小时

（3）3—5小时　　　　　（4）6小时以上

5. 您平时使用qq吗？

（1）经常上qq　　　（2）偶尔上qq　　　（3）不上qq

6. 您平时使用微信吗？

（1）经常用　　　　　（2）偶尔用　　　　（3）不用

7. 您的手机里安装有下列哪些软件（不定项选）？

（1）qq　　　　　（2）微博　　　　　（3）微信

（4）手机淘宝　　（5）支付宝钱包　　（6）学习软件

（7）拍照修图软件（8）其他　　　　　（9）以上软件都没安装

8. 您最初接触互联网是因为：

（1）受家人的影响　　（2）受朋友的影响　　（3）受亲戚的影响

（4）受同事的影响　　（5）工作的需要　　　（6）学习的需要

（7）交友的需要　　　（8）其他

9. 您拥有的上网工具有：（不定项选）

（1）电脑座机　　　　　（2）笔记本电脑

（3）手机　　　　　　　（4）平板电脑（包括iPad）

（5）没有属于自己的上网工具

10. 您平时在什么地方上网最多？

（1）家里　　　　（2）单位　　　　（3）学校

（4）亲戚朋友或邻居家　　　　　　（5）网吧

（6）没有固定地方，走到哪儿上到哪儿

11. 您主要通过什么设备上网？（多选）

（1）台式电脑　　　　　（2）笔记本电脑

（3）平板电脑　　　　　（4）手机

12. 您上网的内容主要是？（请选择最主要的三项）

（1）浏览新闻资讯　　　　　　（2）搜索所需信息

（3）收发电子邮件　　　　　　（4）网络购物

（5）网络销售　　　　　　　　（6）下载免费资料

（7）交友、聊天　　　　　　　（8）写博客、发微博或发帖子

（9）看视频　　　　　　　　　（10）网络游戏

（11）接受远程教育　　　　　　（12）其他

13. 您平时上百度贴吧里的本民族吧吗？

（1）经常上　　　　（2）偶尔上　　　　（3）从不上

14. 您会在贴吧、微博上参与和塔吉克族有关的话题讨论吗？

（1）经常参与　　　（2）偶尔参与　　　（3）从不参与

15. 您会在网络上搜索或关注塔吉克斯坦的相关信息吗？

（1）经常　　　　　（2）偶尔　　　　　（3）不会

16. 您会上塔吉克斯坦的网站吗？

（1）经常　　　　　（2）偶尔　　　　　（3）不会

17. 您会通过上网了解塔吉克斯坦的哪些信息？（多选）

（1）时政新闻　　　（2）教育情况　　　（3）经济发展情况

（4）人民生活情况　（5）节日庆典　　　（6）风景名胜

（7）其他

18. 您有在网上开网店做生意吗？

（1）有　　　　　　　　　　　（2）现在没有，以后打算开

（3）现在没有，以后也不打算开

19. 如果在网上买东西，您通常会买以下哪些东西？（不定项选）

（1）衣服　　　　　　　　　　（2）手机、相机等电子产品

（3）床单、被套等家居用品　　（4）床、衣柜等家具

（5）食品　　　　　　　　　　（6）其他

（7）从不在网上买东西

20. 您通过上网交到了几个外地朋友？

 （1）一个都没有　　　　　　　（2）1—2 个

 （3）3—5 个　　　　　　　　　（4）5 个以上

21. 您通过上网交到的朋友主要来自：（不定项选）

 （1）本地　　　　　　　　　　（2）本地以外的新疆其他地区

 （3）新疆以外的省份　　　　　（4）国外

22. 你加入过几个 qq 群？

 （1）1 个都没有　　　　（2）1—3 个　　　　（3）很多，没数过

23. 对于 qq 空间，您通常是？

 （1）经常发自己的动态到 qq 空间

 （2）偶尔发自己的动态到 qq 空间

 （3）只看 qq 空间里别人发的东西，自己从来不发

 （4）从不看 qq 空间

24. 对于微信朋友圈，您通常是？

 （1）经常发朋友圈

 （2）偶尔发朋友圈

 （3）只看朋友圈里别人发的东西，自己从来不发

 （4）从不看朋友圈

25. 你加入了几个微信群？

 （1）1 个都没有　　　　（2）1—3 个　　　　（3）很多，没数过

26. 你自己拉过微信群吗？

 （1）从没拉过　　　　　（2）拉过

27. 你会在平时的生活中使用"屌丝""女汉子"等网络流行语吗？

 （1）会　　　　　　　　（2）不会

28. 你认为通过网络谈恋爱可靠吗？

 （1）可靠　　　（2）不可靠　　　（3）说不清楚

29. 您认为通过上网找工作可靠吗?

（1）可靠　　　　　（2）不可靠　　（3）说不清楚

30. 您通常浏览的网站的语言文字类型是：（不定项选）

（1）中文网站　　　　　　　（2）本民族语言文字的网站

（3）维吾尔文网站　　　　　（4）英文网站

（5）其他

31. 您平时与家人交流，最常使用的方式是：

（1）打电话　　　　　（2）发手机短信　　　（3）发微信

（4）用 qq　　　　　 （5）写信　　　　　　（6）面对面交流

32. 您平时和朋友联系，最常使用的方式是：

（1）打电话　　　　　（2）发手机短信　　　（3）发微信

（4）发电子邮件（e-mail）（5）用 qq　　　　　（6）写信

（7）面对面交流

33. 您在互联网上看到的与本民族相关的信息有哪些?（多选）

（1）民族服饰　　　　（2）民族歌舞　　　　（3）民族节日

（4）民族婚礼　　　　（5）民族礼仪　　　　（6）旅游信息

（7）本地特产信息

34. 以下内容中你经常通过网络传给别人看的是?（不定项选）

（1）本地风光或视频　　　　（2）自己的生活照片或视频

（3）本民族婚礼照片或视频　（4）本民族节日照片或视频

（5）从不通过网络传照片或视频

35. 使用微信与人联系时，您通常是?

（1）只使用微信语音　　　　（2）只打字

（3）有时候用语音，有时候打字

三、对于以下说法，您的看法是什么？请您在选择项下面的空格里打"√"

序号	问题内容	非常同意	比较同意	一般	比较不同意	非常不同意	说不清
1	自从上网后，我与家人聊天交流的时间少了						
2	经常上网的青少年容易学坏						
3	上网对青少年的学习有帮助						
4	上网太花钱，不如看电视、听广播						
5	上网解决不了我生活中的实际问题						
6	网上的信息很多都是假的，不能信						
7	上网获取的信息可以帮助我赚钱						
8	上网对我了解外面的世界很有帮助						
9	上网可以把我们民族有特色的东西传出去，让更多人了解我们						
10	上网会让我们民族的穿衣习惯受外界影响，年轻人越来越不喜欢穿民族服装						
11	上网会让我们民族的节日传统受外界影响，比起传统民族节日年轻人喜欢过圣诞节、情人节等外国节日						
12	上网会对我们的饮食习惯产生影响，让我们更多地接受汉餐、西餐等						

附录二 田野访谈记录示例

时　　间：2017年4月27日下午5点20分—7点30分
地　　点：塔什库尔干县中学初一年级办公室
访谈方式：焦点小组访谈
访谈主题：塔吉克青少年接触与使用网络媒介情况
访谈对象：GLAS，RYLGL，THTBK，ZRPSLT（四名受访者均为初一学生，受访者名字采用名字简写的大写字母代替，在下文中仅使用首字母）

访谈对象简介：

G：女，14岁，属瓦罕塔吉克，家住离学校1小时车程的乡里，周末回家。爸爸是乡长，妈妈是家庭妇女。

R：女，13岁，家住提孜那甫乡，离学校半小时车程，有校车接送，每天回家，长期保持年级第一名，爸爸、妈妈都是农民。

T：男，13岁，家住塔干镇，离学校10分钟车程，每天回家，爸爸在民政局工作，妈妈是家庭妇女。

Z：女，13岁，家住马尔洋乡，离学校3.5小时车程，爷爷家在县城，周末到爷爷家较多。妈妈是乡里的书记，爸爸是厨师。

问：家里有多少人一起住？
G：12个人，包括爷爷，叔叔一家和我们一家，我有个妹妹。
R：5个人，爸爸、妈妈、姐姐、弟弟和我。
T：7个人，爷爷、奶奶、姐姐、弟弟、爸爸、妈妈和我。

Z：5个人，一个哥哥、一个弟弟、爸爸、妈妈和我。

问：你们是从多大的时候开始上网的？

G：4岁半，爸爸拿手机看什么，我就抢过来看，学上网。

R：12岁。

T：5岁上网打游戏，7岁会打字。

Z：7岁。

问：你们学校有计算机课吗？多久上一次？

G：一个星期一次。

R：一个星期一次，可以学习打字、画图什么的。

T：现在一星期一次，可以了，太多了不行。

Z：一个星期一次，有时候老师给5分钟自己玩，查衣服还没查好就关机了，觉得烦，不过一星期一次也可以了，多了不好，影响学习。

问：在家里上网吗？用什么上网？

G：爸爸是乡长，家里有电脑，但不能上网。爸爸和在喀什读中学的表哥可以用手机上网。爷爷和叔叔也有手机，但他们是农民，不会上网，只会用手机打电话。我爸爸妈妈会限制我上网，他们说上网对眼睛不好。

R：我家里没有电脑，我爸爸妈妈都是农民，我爸爸有手机，但是不上网，只是打电话。我也不上网，我平时主要是看书，看我两个表哥的书，像《钢铁是怎样炼成的》之类的。

T：我们家有两台电脑，一个台式，一个笔记本，可以上网。爸爸在民政局工作。我和哥哥有时候抢电脑。总是我赢，因为我小。我有QQ，我可以上QQ。我和哥哥抢了电脑我就上淘宝，看到想要的东西，我就叫爸爸给我买。我也在网上打游戏，打4399，7k7k。

Z：妈妈是乡里的书记，家里有电脑，但不能上网，可以打游戏。妈

网络媒介用户群使用研究

妈办公的地方有可以上网的电脑。妈妈曾经去山东学习一年,给我买了手机和她打电话。现在平时把手机放在爷爷奶奶家,周末去拿来给爸爸妈妈打电话。妈妈不让我玩QQ,她有时会检查我的手机,以前发现我的手机里装有QQ,非常生气。我用表哥的QQ号加我的好友。姐姐可以用QQ,她在喀什读中学,她成绩比我好,妈妈认为她比我大,可以用QQ,但不乐意看到她经常玩手机,会说她,姐姐不听。

问:你们上网通常会做些什么事?

G:我有时候会用爸爸的手机查一些别的民族的服装,我喜欢柯尔克孜族的服装,他们的帽子上有羽毛,很好看。我还喜欢印度的服装和他们手上脚上戴的那些东西。

我还会查本民族自己不知道的东西,像什么我们民族古代那些历史呀。我会上网学波斯语。会波斯语的在我们乡里特别受到尊重。我们在平时吃饭前,吃饭后,在过节日的时候都要用波斯语祈祷。大人一般会波斯语,从小学汉语的不太会,我们长大了也会。爸爸很忙,他是乡长,要陪来检查的人吃饭,乡里的人也经常请他吃饭,他没有时间教我,我经常自己学,有时候问爷爷,也有波斯语学得好的通过手机发给爸爸。

[塔吉克人是多语人,他们有自己的族群语言,但没有族群文字,语言问题是需要关注的重要问题,语言和文化身份密切相关。]

我还会在网上查一些奇妙的东西,比如有一种拆房子的机器,可以从房顶上开始拆房子。

我还会在网上查作文,查演讲稿。

我在爷爷家,在网上看了人讲课,看了几次觉得不好看。我们喜欢老师用我们生活中实际的东西给我们讲。

我在地理书上看到日本的风景,我就想去网上查日本人住的地方是什么样子。

我还在网上下载过请假条，搞笑的那种，还有下载电影明星的照片，还有打仗的那些穿军装的人的照片。

我还查恐怖电影。

R：我平时不上网，计算机课上网就查资料还有像《钢铁是怎样炼成的》这种书。

T：我一个月上两三次QQ，我的QQ都是加的亲人。我会在网上买东西，我买过红枣和麻糖。我喜欢吃马尔洋的鱼，有一次我爸爸去马尔洋带回来好大一条鱼。我会在网上查哈萨克的奶疙瘩是怎么做的，然后叫我妈妈做给我吃。因为有一次我们班一个柯尔克孜族同学带了一些奶疙瘩来给我们吃，我们觉得好吃，放了白砂糖，比我们民族的奶疙瘩软，他说（这是）他一个哈萨克族的亲戚给他们带来的，我觉得很好吃。我妈妈照着网上的方法给我们做了，也好吃，但是过了一个星期就变得很硬了。

我在三四年级的时候，有一次在网上打字"最难忘的事"，找到一篇作文来抄，得了优。现在我有时候也查作文，但我会改一些，以前不会改。比如网上写的：我的老师个子矮矮的，胖胖的。我就改成我的老师个子高高的，瘦瘦的。改成像我的老师的样子。

我喜欢阿拉伯的东西，他们穿白衣服，老师说他们紫外线太强，太热，穿黑衣服会吸热，会热死。我在地理书上看到的。然后我去网上查他们吃什么，他们的民族是怎么形成的，伊斯兰教的创建人是谁。我知道了是穆罕默德，还有真神安拉。

我还查除夕为什么放鞭炮，还有喀纳斯水怪的事情。

Z：我喜欢阿富汗的东西。我妈妈是乡里的书记，我爸爸是乡里的厨师，我妈妈比较忙，她中午不回家，我爸爸下午没什么事，会回来给我们做饭。我爸爸去喀什学过厨师，他回来做的饭很好吃，他会做红烧肉、米饭、炒菜、抓饭什么的。我小学五年级第一次上网，在阿姨家，她是老师，后来我回来拿爸爸的手机查红烧肉的做法，然后让爸爸给我做。

[Z在访谈中多次提到她妈妈是乡里的书记,语气和神态表现出强烈的自豪感,传统的塔吉克妇女一般不参加社会工作,社会地位较低,从与Z的谈话中可以感受到她家在对内对外的关系中,母亲拥有更多的决定权,可以进一步关注塔吉克人家庭中两性关系的变化。她提到妈妈有手机,给她买手机,很少提爸爸用手机之类的。可以进一步考察网络媒介的使用在家庭中对两性关系的影响。]

我还会查服装,我们一个星期上一次计算机课,40分钟,老师一般会留5分钟给我们自己玩,我就查我们的班服之类的服装。

我还查恐怖电影和姐姐一起看。我还想知道外星人,宇宙是怎么回事。以前有个老师说世界上有外星人,不在地球,在宇宙中,他们的血是绿色的。我想查。

问:你们会在网上买衣服吗?

G:会啊,网上买衣服比在商店买更好,商店的朴实,网上的更时尚,而且便宜。年轻人和小孩一般都喜欢穿时尚的,汉族一样的衣服,或者西装。只有老年人还有农村(人)的穿本民族的服装比较多。

R:不会,我爸爸妈妈会带我们到塔县街上买。我爸爸妈妈都不会上网,不知道怎么从网上买东西。

T:我喜欢外国的西装,还有巴基斯坦的服装。我会在网上买鞋、手机、衣服什么的,我买的比我爸爸在商店里买的便宜又好看,他也让我在网上给他买了。(问:不害怕买到假货,质量不好吗?)不怕,可以七天内退货。

Z:有时候会买,但是要我妈妈同意才行。

问:你们会把什么东西发到网上去?

G:一般给亲戚朋友发自己和家人的照片,过节的或在外面游玩的

（照片）。

R：我什么都不能发，我家里不上网，我表哥有手机能上网，他有时候给我们一起照相，发到他的QQ空间。

T：平时的节日活动都可以照相可以发，只有丧礼不能照相，不能发。

Z：我妈妈在外面出差学习的时候，我们给她发我们的照片，她有时候会发到她的（微信）朋友圈。

问：你们家还有比你们小的孩子上网吗？

G：我妹妹5岁，她很喜欢一个阿姨，她用爸爸的微信给那个阿姨说话。有时候爸爸睡觉了，她偷偷拿爸爸的手机给那个阿姨发微信说话，发1234或者别的一些乱打的字。我们都不知道她是怎么学会的。

T：我的弟弟3岁，他会拿手机打电话、放电视。

问：你们想过可以通过上网交到塔县以外的朋友吗，比如内地的或者外国的？

G：我希望可以，可以交到新疆以外的内地朋友。

R：没想过，我觉得好好读书，以后考上大学到外面去才可以交到那样的朋友。

T：可以啊，我表哥就有几个外地的微信好友。

Z：我用表哥的QQ号加了一个外地的好友，我自己的不行，我妈妈会检查我的手机，不允许我玩QQ。

其他：

Z：我们喜欢住平房，不习惯住楼房，不喜欢在房子里上厕所。

T：我们上数学课，老师用PPT我们不懂，他以为我们懂了，我们还没看懂他就翻过去了。

G：老师用PPT，我们不懂，有一次停电了，他没有用PPT，我们懂了。瓦罕喜欢学波斯语，色勒库尔喜欢学欧罗巴语。风俗习惯有些不同，肖贡巴哈尔节时，瓦罕的点火，色勒库尔的不点火。

［值得持续关注的点：网络媒介的使用对塔吉克人饮食和穿衣习惯的影响，使用网络媒介是否能让青少年获得一些衣食方面的自主权？他们使用网络媒介进行各种信息搜索的行为与他们的自我意识的发展有什么关系？从访谈中可见，不同家庭出身的孩子第一次上网年龄的差异，以及接触网络的程度具有明显的不同，家庭背景比家庭居住地与县城的距离对其影响更明显。］

后 记

如果说人生是一场修行,这本小书的撰写过程即是这场大修行中一段重要的里程。这本小书脱胎于我的博士学位论文——那是一段刻骨铭心的淬炼身心的历程。

或许因为研究的问题与"认知"相关,于我而言,做论文的过程也是一个自我省思、自我追问的历程。随着论文的推进,当经历身体和思想的双重磨炼,对自我和他者都有了更多的理解,获得认知上的"通透"体验时,我真正体会到了"以学术为志业"的美妙。蓦然回首,此时此刻,心中唯有感念之情。

首先要感谢的是我的导师师曾志教授。她优雅睿智、富有同理心,既是一个思想者,又是一个行动者。她的言传身教,让我终身受益。还记得第一次鼓起勇气给导师打电话、第一次跟导师见面的情形,她的和蔼可亲消除了我内心的忐忑,让我感到温暖。是老师成就了我到燕园求学的梦想,让我有机会在燕园的求学问道中体会到学问之乐,在参与老师组织的实践活动中,对"知行合一"有了深切的体认。在论文写作的过程中,有时思维阻塞、内心焦灼,导师的提点和指导常常是一语惊醒梦中人,让我茅塞顿开,心情放松,重拾信心,得以将论文写作继续进行下去。感谢北京大学新闻与传播学院这个秉承北大兼容并包传统的学术共同体为我们提供成长的平台。感谢我的师妹仁增卓玛、张好,在我论文写作的过程中,时常与她们讨论,获得很多启发。感谢我的同学和挚友刘源,因为共同的研究

旨趣，我们时常进行交流讨论，当我在写作过程中，遇到社会学、人类学等学科领域的知识储备不足时，时常向他求助，他总是尽心尽力帮助我解决问题，我们在论文写作过程中那些煎熬的日子里互相鼓励、共渡难关。感谢我的朋友潘理娟解答了我在论文写作过程中的诸多疑问。

从博士学位论文写作到这本小书的完成离不开我的塔吉克兄弟姐妹们的帮助。塔什库尔干县教育局的阿比普帮助我申请到塔县小学支教，为我快速融入田野调查的环境提供了极大的帮助。在塔什库尔干县支教和调研期间，我的塔吉克妹妹穆尼热一家，给了我家的温暖。2017年5月的一天，我到穆尼热家和她们一起共度塔吉克人传统的皮里克节，在众人酣睡的凌晨发生了塔县百年不遇的地震，穆尼热家的房子和院墙都有坍塌。当我和塔吉克朋友们在空地的木板上坐等天亮时，塔吉克朋友怕我受冻，拿来棉被让我裹在身上。那惊心动魄的一夜，让我和塔吉克朋友们结下了永生难忘的生死情谊。穆尼热的母亲原本不会说汉语，每次到她家，她都会为我准备家里最好的饭菜，当我惊叹于她能听懂和会说的汉语越来越多时，穆尼热告诉我，"妈妈说，因为她有了一个汉族女儿，所以要多学汉语"。这些经历让我感受到"田野"的温度。还有塔县小学众多可爱的孩子们，他们纯真、热情，在课余带着我走家串户，为我的写作收集了大量田野素材，和他们在一起的日子，我们彼此打开了一个新的世界，让我收获了一份调研工作之外的美好。

这本小书凝聚着我的家人给我的爱和支持。感谢我的父亲、母亲，他们把最无私、最伟大的爱给予我，在我成长的过程中，总是尊重我的兴趣爱好，支持我的人生选择，让我自由地成长。在我攻读博士期间，在需要的时候，一个电话打过去，年迈的父母就立即收拾行李，辗转几千公里奔赴新疆帮我照看孩子。从小到大，父亲一丝不苟的工作态度，母亲的"谜之乐观"都在言传身教中深深影响着我。感谢我的女儿"力姐"，她认真、好学、善良、懂事，是我前行的动力，在论文写作中，当我心情沮丧的时候，她会默默地走过来给我一个温暖的拥抱。给予我写作最大支持的是我的先生王怀春，感谢他对我的理解和支持，他不仅是我的生活伴侣，也是我的灵魂伴侣。在论文写作期间，他时常放下手边的工作，耐心听我滔滔不绝的讲述，和我一起讨论相关问题，给我提出了许多中肯而宝贵的意见和建议。从博士学位论文的写作到这本小书的完成，都有他在背后替我负重前行。

感谢从博士学位论文写作到这本小书的完成过程中所有的遇见。

唐 红

2022 年 10 月